百年考古大发现

东方金字塔

——西夏皇陵

the east Pyramids

——the Imperial Mausoleum of XiXia

钟　侃
钟雅玲　著

天津古籍出版社

图书在版编目(CIP)数据

东方金字塔:西夏皇陵/钟侃著.—天津:天津古籍出版社,2008.1

(中国百年考古大发现)

ISBN 978-7-80696-097-4

Ⅰ.东… Ⅱ.钟… Ⅲ.陵墓—考古发掘—宁夏—西夏(1038~1227) Ⅳ.K878-85

中国版本图书馆 CIP 数据核字(2004)第 043114 号

东方金字塔——西夏皇陵

钟侃/著

出版人/刘文君

*

天津古籍出版社出版

(天津市西康路 35 号　邮编 300051)

http://www.tjabc.net

E-mail:tjgj@tjabc.net

唐山丰电印务有限公司印刷

全国新华书店发行

开本 787×1092 毫米　1/16　印张 9.875

2008 年 1 月第 1 版　2008 年 1 月第 1 次印刷

印数　1—3000

ISBN 978-7-80696-097-4

定　价:45.00 元

序

19世纪末、20世纪初，西方考古学传入中国。近年来中国考古学从无到有，从只有几个人、十多人，到现在已经拥有数以万计的文物考古专业队伍；从1928年以前，中国考古附属于地质学、生物学的科研机构，到现在已建立了从中央到地方各省、市(直辖市)、自治区独立的文物考古科研机构，在全国十几所国家重点大学设置了考古专业；目前我国的各种文物考古专业性刊物和出版机构，已多达数十家；上个世纪初，我国没有中国科学家独立主持的田野考古项目，20世纪前半叶全国每年的考古项目也是寥寥无几，当前的考古工作规模绝非昔日可比，为了在大规模生产建设中，搞好文物保护，近年来仅每年配合基本建设的考古发掘项目就逾千项；至于为科学研究或文物考古教学工作而开展的田野考古发掘项目，也是为数可观。百年来，尤其是近半个世纪以来，考古工作蓬勃开展，考古发现层出不穷，见于报刊、电视、广播等新闻媒体的考古新发现报道接连不断。

2001年初，我国考古学界为了总结20世纪考古学事业的发展，展示其辉煌的学术成就，弘扬中华民族的悠久历史和先进文化，增强爱国主义信念和民族自豪感，促进精神文明建设，推动21世纪中国考古学的进一步发展，中国社会科学院考古研究所组织了全国性的“中国20世纪100项考古大发现”评选活动。评委和通讯评委来自8个国家级考古文物机构，28个省、市(直辖市)、自治区(包括香港特别行政区)的考古文物机构，以及11个大学的考古文博院系。多数评委、通讯评委担任过或正担任着国家级、省级和大学考古文博院系的考物的科研机构或教学科研机构的各级领导职务，这些人绝大多数是我国考古文物学科的业务中坚。因此，这次评选出来的考古大发现项目的学术性、科学性、权威性是不容置疑的。

评选出来的100项考古大发现，涵盖了25个省、市(直辖市)、自治区和香港特别行政区及台湾省。100项考古大发现中，旧石器时代遗址和古人类发现7项，新石器时代

30项，夏商周时代23项，秦汉时代24项，隋唐至元明时代16项。

本丛书在“中国20世纪100项考古大发现”基础之上，又挑选了数十项，原则是每个项目为一本书。这些项目除了具有重大科学价值和意义、在国内外产生过重大社会影响、在中国考古学史上具有重要的地位和作用之外，项目的选择上也兼顾到考古文物学术内容的不同时代、不同类型、不同地区。作为考古文物的普及读物，这些项目还必须有一定的可读性、社会的认知性。

这套丛书的作者绝大多数是第一线的中青年考古工作者，其中不少人现在已是相关项目方面的专家，有的作者至今仍然承担、主持着这些项目的科研工作。他们之中的大多数人，肩负着繁重的田野考古或考古文物科研任务，我知道不少作者是牺牲了休息时间，接受这个任务，认认真真、兢兢业业挤时间完成我们这套丛书的编写工作的。

作为考古文物的普及读物，强调丛书的“图文并茂”是非常必要的。具有丰富而高标准的线图、图版，是考古文物书刊的特点，这是考古文物专业的学科特点决定的。考古文物内容的通俗读物，对于线图和图版的要求内容又更丰富一些、形式又更生动一些、线图又更简洁一些、图版也更清晰一些，这样使读者结合文字更容易看懂、读懂，使我们的丛书更有吸引力，使广大读者对丛书产生更大乐趣。考古文物专业的学术术语比较艰深冷僻，作者尽量多使用一些较为通俗易懂的词语，但是在这种专业通俗读物中完全不使用专业用语也是很困难的。我希望现在奉献给社会的这套丛书，“文茂”更进步一些、更通俗一些，大家更满意一些。

国家的文化事业和精神文明建设是一项功在当代、利在千秋的伟大事业，弘扬古代优秀的历史文化，振奋民族精神，这是考古工作者的时代重任，这套丛书也是考古工作者奉献给国家和人民的科研成果。

劉慶柱

目录

照片1　夕阳下的西夏皇陵

引言

明代开国皇帝朱元璋的孙子、安塞王朱秩炅在他的《古冢谣》中写道："贺兰山下古冢稠，高下有如浮水沤。道逢古老向我告，云是昔时王与侯。"面对这一片大大小小如同一个个水泡似的荒凉古冢，他发出了"怪鸱薄暮喧孤树，四顾茫茫使人惧，天地黯惨愁云浮，遥想精灵此时聚"的感叹。

自那以后，又经过了四百余年，贺兰山下的这片古冢仍然静悄悄无声息地屹立于荒凉的戈壁滩上。除了牧羊人的足迹偶尔经过外，日复一日、年复一年经历着冬夏寒暑的磨砺和摧残，终日与孤树、荒草、愁云相伴。既鲜有人来凭吊，更无人前来祭奠，荒郊孤魂，粪土当年万户侯，烟消云散，一代代枭雄史迹，渐渐被人们所遗忘。

1971年11月，宁夏几个年轻的考古工作者冒着塞外凛冽的寒风，站立在一辆敞篷汽车上向银川西郊的贺兰山下疾驰而去。当他们来到泉齐沟口一处隆起的土堆前，纷纷跳下车来，登上了这个看似十分平常的土堆。土堆呈方形，边长20余米，高出地面4～5米，在土堆的中心有一条东西方向，宽1米、深2米左右人工挖掘的深沟，是当年当地驻军挖掘的掩体。沟的两侧堆积着从底部翻上来的土、碎砖、断瓦和石块。当他们在翻捡这些石块时，奇迹出现了！这些石块当中，有不少雕刻着精美的花纹，有的还刻有汉文和与汉文十分相似的文字。其中有一位在60年代初考古工作中曾见过西夏文字的人，将眼前的发现与当年的发现联系了起来，发出了令人惊讶和振奋的喊声："这是西夏文！"

意外的发现，对于考古工作者来说，无疑是强烈的精神振奋剂。他们深知这个发现所具有的重大意义。他们忘记了严寒和饥饿，全身心地投入到了寻觅的工作之中。经过数小时沟内沟外、沟上沟下的仔细寻找，他们获得了数十块刻有汉文、西夏文和镌刻有精美花纹的残断石块。他们还初步断定：这些残破的石块，原来是一座石碑的残块，这个土堆，应是放置石碑的碑亭，碑亭北面高大的土冢和其西部、北部残存的土墙，应该就是人们知之甚少的西夏皇陵。

西夏文残碑、碑亭、西夏皇陵的发现，使当时宁夏博物馆的上上下下都兴奋不已。在当时百业俱废，唯考古大放异彩的氛围下，都恨不得马上搞出一个考古重大发现来证明“文化大革命”的伟大胜利。经过短促的准备，西夏陵的调查、发掘工作将要迈开第一步；但是，当时谁也没有想到，这个进程是如此的漫长和艰苦，直到今天，这个工作仍然在不断地进行中。

在发现西夏文残碑和碑亭后的不多几天，还是这些考古人员又重返泉齐沟口，开始了对这座碑亭的全面清理工作。在这次清理工作中，不仅又发现了大量的汉文、西夏文残碑和雕刻花纹的残块，在将表面的堆土清除后还惊奇地发现了碑亭上东西方向一字排列的四个力士石座和用方砖条砖铺设的碑亭地面。四个力士座作方墩形，用红砂岩做成，一侧面雕匍匐跪状裸体力士，双乳奇大，浓眉，两眼圆睁，双手上举，掌心向上作负物状。从周围散布大量残断碑片看，似为碑座，与常见的龟趺碑座迥然有异，引起了考古工作者的格外关注，并将此陵编号为1号（今新编号为8号）。

碑亭的清理，使这些考古工作者初步断定，贺兰山东麓散布着的众多土冢就是西夏皇陵。在碑亭清理完成之后，他们又不停顿地对北至泉齐沟、南至银（川）巴（音浩特）公路这一区域的陵墓进行了初步的调查、编号和初测，并从地面上采集到大量的砖、瓦、瓦当、石刻残件。

1972年夏初，在得到有关部门的批准后，宁夏博物馆开始了对当时编为8号（今新编号为6号）陵墓的发掘工作。

8号陵现编号改为6号，在陵区的中部，就其规模来说，称不上是最大的一座。与其他大小墓墓冢前都有一个大小不一的深坑相比，这座陵陵塔前地表平整，似乎未曾被挖掘过。但是，估计与实际情况往往相差甚大，当考古人员用了近两年的时间清理完长50米、深近25米的墓道中大量的填土后才发现，墓室早经挖毁，自上到下全是回填淤积的土石。尽管如此，考古人员还是在原甬道口和墓室中发现了残存的部分壁画、铁剑、铜门泡、副肘板、金带饰、银器、金鞍包边、珍珠、甲片、石经幢、石文臣头、雕龙栏柱等文物，这些仅是劫后的侥幸残余。观一粟可知万斛，不难想像，劫前随葬品必是镂金错彩、珍奇盈室的一派奢华景象。

在6号陵发掘的同时，对其地面建筑物碑亭、内城东、西、南门址、陵塔周围也进行了初步的清理。碑亭除发现力士碑座外，还出土汉文、西夏文残碑1047块。在南门址发现绿琉璃鸱吻，出土时已碎成多块，后经反复粘对复原成高1.52米、宽0.58米的巨大鸱吻，为全国所罕见。

西夏6号陵的发掘，尽管回过头看，工作中还留有一些令人遗憾的地方，但毕竟揭开了西夏皇陵深埋地下近千年神秘的一角，从中窥见西夏文化的辉煌，产生出巨大的心灵震撼。

继6号陵发掘之后，1975年9月至1977年9月，宁夏博物馆又相继清理了2号陵（今新编7号陵）碑亭和发掘了编号108（今新编为177号）、101（今新编182号）两座陪葬墓。7号陵碑亭出土汉文、西夏文残碑1775块，尽管多数残碎不可卒读，所幸经过拼对，其西夏文篆书碑额尚可大体复原，为西夏立国第五代皇帝李仁孝的寿陵。这是迄今为止唯一可以知道陵主是谁的帝陵。177号陪葬墓只有一座碑亭，共出土汉文、西夏文残碑349块。尽管和其他陵墓碑亭碑文同样，多成碎块，但碑的首行幸存完整的“梁国正献王之神道碑”九字赫然在目，不仅可以知道墓主，而且对这类陪葬墓的品级、地位有了初步的了解。1977年9月发掘的182号墓，出土鎏金铜牛一件，长1.20米、卧高0.45米，重188公斤，大小形同真牛，铸造工艺精湛，造型栩栩如生，臻善臻美。

1971至1977年间对西夏陵区的调查发掘仅是漫长历程的第一步，并且带有“文化大革命”那个时期较深的烙印，但通过这一时期的工作，确立了西夏皇陵的性质，初步区分出帝陵和陪葬墓的特征，通过帝陵和陪葬墓的初步调查和试掘，认识了西夏文化的独特内容，第一次比较全面地确立了西夏文化在中华民族古代文化中的地位，这些都是应该充分肯定的。但由于缺乏整体的计划和目标，工作中往往带有急促的功利主义目的，从而热情有余，严密科学态度不足。

自1978年起，西夏陵区的工作除了小规模的试掘，如3号陵东、西碑亭的发掘，陵区北部建筑群落的发掘外，重点转入了对陵区全部陵墓的基础工作上。通过全面调查、测绘，对帝陵的分布特征、陪葬墓的全部数量、分布及等级区分，提高到了一个系统的较全面认识的新水平。在此基础上，初步将西夏陵和我国历代陵寝制度进行了比较研究，从而认识有所深化，产生了诸如《西夏陵》（许成、杜玉冰编著，东方出版社，1995年）等一批资料比较全面、翔实、有一定研究深度和广度的西夏陵调查报告。被厚厚历史尘埃所掩蔽的西夏陵被世人所逐渐了解，引起了社会和有关部门的广泛关注。西夏陵的保护和开发利用提到了议事日程。

1990年在银川召开了有众多国内文物考古专家参加并通过了《西夏陵保护规划方

案》的会议，标志着西夏陵区的工作进入了保护利用的新阶段。随着全国和宁夏旅游事业的发展，人们已经认识到西夏陵所具有的重要旅游资源价值。加之对西夏历史的广泛介绍，在宁夏似乎出现了一股令人目眩的西夏热。以西夏命名的街道出现了，以西夏命名的街区接踵而现，西夏舞、西夏影剧登上了舞台、荧屏，西夏宾馆、西夏贡酒、西夏贡米、西夏餐厅、昊都酒店等等以西夏或西夏帝王名字冠名的商品、商号琳琅满目，充斥街头。在毫无准备的情况下，大批人群涌向西夏皇陵，往日孤寂无闻，终日与枯草、愁云为伴的土冢、墙垣迎来了车水马龙、喧嚣尘上的热闹场面。

1988年11月，西夏陵荣列为全国重点文物保护单位。1990年经过专家论证，通过了西夏陵的整体保护规划。1991年6月，江泽民视察了西夏陵。1998年在西夏陵区建成的西夏博物馆正式对外开放。1999年10月朱镕基在视察了西夏陵和西夏博物馆后，动情地说“受到了一次深刻的爱国主义教育”，并为逐步实现西夏陵总体保护方案拨款一千万元。根据西夏陵总体保护规划，宁夏的文物考古部门在2000至2001年期间，三次对疑为西夏立国皇帝元昊的3号陵地面建筑进行了大规模的发掘，冀期为今后做好西夏陵的保护和西夏陵的复原提供依据。与此同时，采用现代技术加固现有地面建筑的工作也全面展开。往日荒凉、孤寂的西夏陵园，得到了党和政府的高度重视和关注。

在贺兰山东麓50平方公里的这个西夏陵区，埋葬着西夏九个皇帝的陵寝，还有260余座皇族王妃的墓葬陪侍于周围，如同众星拱月，其宏伟的建筑和地上、地下大量的文物，集中地反映了西夏文化的风采，是西夏近190年历史的缩影，对研究西夏的政治、经济、军事、文化具有十分重要的价值。当人类历史进入新的21世纪回顾以往时，国内著名文物考古学家在评选20世纪中国百项重大考古发现工作中，把西夏陵遴选为重大考古发现之一。

蓝天、白云、碧草、绿树，昔日西夏陵“怪鸱薄暮喧孤树，四顾茫茫使人惧”的凄凉荒漠景象已一去不复返了。西夏陵以其宏伟的气势和焕发的勃勃生机迎来了一批又一批仰慕它的国内外游客，安然地享受着人们的赞誉和崇敬。有的外国游客甚至将其与埃及金字塔并驾齐驱，誉为“东方金字塔”，西夏皇陵已名播海内外。

第一章
被遗忘的王朝

西夏自公元1038年建国至1227年灭亡，历经了189年，比北宋多10年，比辽仅少30年，而比金却多50年，不论北宋、辽抑或金，它们的历史都有专史，且列入皇皇的“二十四史”之中，而西夏却被史籍列入“外国”或“外纪”，享受不到公平的历史待遇，成为被历史所遗忘的王朝。

实际上，西夏历史比它存在的189年还要久远得多。追溯它的远祖，是居于我国西北赫赫有名的羌族。东汉时，羌族发展到150多个部落，居住在以西海郡（今青海海晏县西）为中心，包括今四川西北部和甘肃西部的广大地区。魏、晋时期，羌族逐渐衰落，或为吐谷浑所役属，或逃入川蜀西境。隋末唐初，羌族中的党项族强盛了起来，占据着唐古拉山以北，巴颜喀拉山以南的广大地区，“有地三千余里”。通过兼并，这时党项羌形成八个大部落，“大者万余骑，小者数千骑，不相统一”，而其中以拓跋氏最为强大。

唐太宗时，拓跋部归附唐朝，唐将其地分为三十二州，授拓跋部首领拓跋赤辞为西戎州都督，并赐皇姓李。唐玄宗时，由于吐蕃的侵逼，党项诸部内徙于甘肃东部、陕西北部一带。唐朝末年，黄巢起义军攻入长安，唐王朝岌岌可危。党项族首领拓跋思恭等率其部众助唐死战，建立了赫赫战功，于中和三年（883年）晋爵为夏国公，再赐李姓。

五代十国时期，党项族利用军阀混战、政权更迭的有利时机，拥兵自守，逐步加强了以夏州（今陕西横山西）为中心的“虽未称国，而自其王久矣”的割据局面。

北宋建立以后，宋太宗鉴于唐末藩镇割据酿成五代十国混乱局面的教训，采取了一系列旨在限制、削除藩镇力量的措施，这就从根本上触动了以藩镇自恃的党项族上层势力的利益。公元982年，时任定难军管内都知蕃落使的党项首领李继迁，在其族兄李继捧被迫向宋朝交出夏、绥（今陕西绥德县）、银（今陕西米脂县西北）、宥（今陕西靖边县西）、静（今陕西神木）五州之地以后，以葬母为名，逃出银州城，奔往地斤泽（今内蒙古鄂托克旗东北）召集旧部以图再起。宋雍熙元年（984年）李继迁在得到党项其他各部的支持后，攻占夏州西北的王庭镇（今内蒙古乌审旗西南），俘获万计，取得了对宋作战的第一次胜利。第二年，李继迁以诈降又攻占了银州之后，拒绝了部众要他立即称王的建议，又攻占了会州（今甘肃靖远县）。

李继迁知道，要战胜宋朝，在中国要有独立的地位，只凭党项的力量是远远不够的，必须和当时的辽结成同盟，才能稳操胜券。于是在公元989年向辽请婚，以联姻来取得辽的支持。辽出于和党项结盟共同对付宋朝的同样目的，以宗室女义成公主外嫁李继迁，并助予战马3000匹。李继迁在得到辽的支持后，于公元995年出兵攻占乌白池（今宁夏盐池县境）、清远军（今宁夏盐池地县西南）等地。第二年又乘胜攻占西凉府（今甘肃武威县）和进攻灵州（今宁夏吴忠西南）。公元997年，辽封李继迁为西平王，此时恰逢宋太宗病死。宋真宗即位伊始，采取息事宁人的政策，将李继迁梦寐以求的夏、绥、银、宥、静五州之地交还，还额外给予李继迁夏州刺史、定难军节度使的官职。

对于李继迁等党项贵族来说，区区五州之地的重新回归和夏州刺史的得到当然不是他们的最终目的。果不其然，宋咸平元年（998年）至咸平五年（1002年）期间，李继迁的兵锋直指鄜（今陕西富县）、延（今陕西延安市）、石（今山西离石县）、麟（今陕西神木县西北）、府（今陕西府谷县）、萧关（今宁夏固原北）、定（今宁夏平罗县东南）、怀远（今宁夏银川市）、保静（今宁夏永宁县境）等广大地区，特别是咸平五年（1002年）三月攻下素有“兵食完富”的军事重镇灵州（今宁夏吴忠市西南）之后，改名为西平府，督造宫室、宗庙，作为他的临时首都。

翌年的十月，李继迁以声东击西的战术攻占凉州（今甘肃武威市）。这时的李继迁为胜利冲昏了头脑，竟不听部下的劝告，在接受吐蕃首领潘罗支的诈降时为重箭所伤。这位自19岁起便南征北战、40岁的党项首领带着未能来得及建立独立王朝的遗憾，于翌年一月离开了人世。

年仅23岁的李德明继承父业做的第一件事便是攻杀被宋朝封为朔方节度使的吐蕃首领潘罗支，为其父报仇雪恨。对于宋朝要他交回灵州等要求，他虚与委蛇，周旋应付；辽对他如同既往，继续册封他为西平王。在东边无战事的情况下，李德明瞅准了宋朝西部力量相对较弱的有利时机，于宋大中祥符元年（1008年）攻掠甘州（今甘肃张掖市）。时甘州为回鹘可汗夜落纥所据，李德明多次进攻未能奏效，只好以抢掠甘州向宋派往贡奉使的办法来截断回鹘和宋的联系。宋天圣六年（1028年）李德明之子李元昊一战攻下甘州，与其相邻的瓜州（今甘肃安西县西）未战归附李德明，"灵、夏之右臂成矣！"

面对李德明的日渐强大，宋和辽都出自于各自的打算，尽力拉拢党项为其所用。宋大中祥符三年（1010年）九月，辽首先封李德明为夏国王；宋朝紧跟其后，给李德明连连晋爵，李德明踌躇满志，出行时竟以皇帝仪仗卤簿，连他早已死去的父亲，也追加上"应运法天神智仁圣至道广德光孝皇帝"长长的尊号。1020年，李德明将临时都城由西平府迁往黄河西之怀远镇（今宁夏银川市），并改名为兴州；公元1028年册立李元昊为太子，辽在1031年又以宗室女为公主外嫁元昊，辽，夏二代联姻，辽，宋，党项三足鼎立的政治、军事格局得以确立。

天不借李德明以寿年。正当李德明建国称帝即将实现时，李德明却于宋明道元年（1032年）因病骤然逝去；但水既到，渠已成，李元昊建国称帝就易如反掌了。

李元昊接过父业伊始，首先便去除唐朝和宋朝强加给他们的李姓、赵姓，自称嵬名氏；接着便改年号显道、下秃发令，升兴州为兴庆府，建立文武官制、制定官民服饰、设立固定兵制和军名，制造文字等。与此同时，再次用兵河西，攻占肃州（今甘肃酒泉市），拥有"东尽黄河、西界玉门、南接萧关、北控大漠，地方万余里"的广大疆域。当这一切都紧锣密鼓地完成以后，终于于宋宝元元年（1038年）十月于都城兴庆府南筑台受册，登上了国号为大夏的皇帝宝座，并新改元为天授礼法延祚元年。

李元昊建国称帝以后，竭力继续向外扩展疆土，自天授礼法延祚三年（1040年）至五年（1042年）连续取得了三川口（今陕西志丹县南）、好水川（今宁夏隆德县北）、定川（今宁夏固原市西北）等几次重大战争的胜利，特别是好水川一战，宋军数十名名将阵亡，兵士死伤万余人，范仲淹、韩琦等一批名将因战败被贬，西夏创造了我国军事史上以少胜多、埋伏突袭的成功战例。

对于辽的领土，元昊也极觊觎。当天授礼法延祚七年（1044年）辽属山西五部在李元昊的煽动引诱下叛辽投归夏时，辽、夏之间又发生了一场争斗。辽调集十余万重兵，分三路攻入夏境。元昊避其锋芒采用坚壁清野、诱敌深入的战术，在河曲大败辽军。

在经过了上述几次鏖战之后，李元昊争得了与宋、辽平起平坐的地位，还得到了宋朝每年“赐”给的数万两银子和大量物资，政治、军事和经济都取得了巨大胜利。

一代枭雄元昊，在军事上是强者，可却于天授礼法延祚十一年（1048年）死于其子的刀剑之下，时年46岁，谥曰武烈皇帝，庙号景宗。

李谅祚继承皇位时，年仅周岁，朝政大权自然落入其母没藏氏手中，直至䄵都五年（1061年）没藏氏被诛杀才亲自执掌朝政。在他执政的六年中，虽然大力推行汉族礼仪、改革军政合一的弊政，但执政时间短促，年仅21岁便中途殒命。

李谅祚之子秉常接过皇位时，年仅8岁，同样又重演了一次母党梁氏专权的老戏。随着年龄的增长，秉常在年满16岁时开始亲自执政，但不久则被母后梁氏势力找借口被幽禁了起来。梁氏虽然擅权，但大安八年（1082年）宋兵五路共50万人大举进攻西夏时却被他们成功地粉碎。次年，西夏又成功地组织了一次双方参战人员数十万的永乐大战，虽然史书记载宋军死亡60万似有夸大，但宋军伤亡惨重却是不争的事实，梁氏为西夏创造了一个新的更安全的局面。大安礼定元年（1086年）秉常死，也仅26岁。

李秉常之子乾顺继承皇位时年仅3岁，朝政继续为母后梁氏所掌管。梁氏不断对宋用兵，西夏国无宁日。永安二年（1099年）年满16岁的乾顺在辽毒死梁太后的帮助下才得以亲掌国政。

乾顺在位53年，除仁孝外，是西夏历史上较有作为的皇帝。在对外关系上，他继承了李德明、李元昊时的政策，通过向辽请婚，和辽结成较牢固的联盟来共同抗衡宋朝，对宋则以继续发动一些战争的办法来警示宋朝不要忽视西夏的存在，提高西夏在三国鼎立政治格局中的地位。对内，他建立尊崇儒学、崇尚诗书的“国学”，推广汉族传统文化。还实行诸王分封的制度，以进一步加强封建集权。

李乾顺统治末年，尽管政治格局发生了变化，金取代了辽的地位，北宋也在金的打击下举朝南迁，困守半壁江山，但夏国随之和金同盟，仍继续保持着夏、金、南宋三国鼎立的政治态势。

夏大德五年（1139年）六月，56岁的李乾顺病逝。16岁的儿子李仁孝继承皇位。

公平地说，李仁孝是西夏最有作为的皇帝，他在位54年，刚接任不久即发生了大地震、灾民起义等诸多棘手难题，特别是其岳丈任得敬的反叛，差一些使其丢失皇位。李仁孝临危受命，在解决了这些难题之后，制定和颁布了旨在巩固土地私有制的《天盛年改定新法》、完善了封建法律，大力提倡教育，改进了地方行政设置，甚至还下令禁止奢侈，广开言路，很有一番开明国君之风。

乾祐二十四年（1193年），仁孝卒，其子李纯祐继位。今非昔比，此时西夏国运日蹙，在位仅仅13年便被李安全夺去了帝位，并暴病而亡。仅仅过了5年，夏皇建二年（1211年），李安全又被齐王李遵顼所废。

面对日益强大、咄咄逼人的蒙古，李遵顼错误地以为只要将以前与金结盟改为依附蒙古便可保住江山，但换来的却是金朝和蒙古军队的双重打击。夏天庆十二年（1205年），蒙古军队首次攻占西夏力吉里寨（今宁夏中卫县），并纵兵在瓜、沙诸州大肆掳掠。应天二年（1207年），蒙古又借李安全废黜纯祐没有通报为口实，再一次出兵攻占兀剌海城（今内蒙古乌海西）。1209年，蒙古军队再不需要什么借口了，直接进攻河西诸州和西夏首都不远的克夷门，并进而围攻其首都。光定七年（1217年）蒙古军队第四次进攻西夏，李遵顼将都城的防守交给了其子，自己则惊恐逃往西凉。1223年，遵顼传位给李德旺，但仅过了两年，成吉思汗便挟西征胜利的风雷，统兵十万从北直捣黑水（今内蒙额济纳旗）、兀剌海、沙州、甘州等地，河西诸州顷刻之间便落入蒙古手中。

乾定三年（1225年）时为太上皇的遵顼病死。仅隔两个月，李德旺也忧悸成疾而亡，其侄李晛仓皇之际接下了这副烂摊。

是年五月，蒙古军队兵分东、西两路向西夏挺进，八月，西路军攻占力吉里（宁夏中卫）。十月，东路军攻占夏州，西夏政治、经济中心处于东西夹击之中。十一月，成吉思汗亲率大军攻占灵州。次年（1227年）一月，成吉思汗为了截断西夏西南逃窜的后路，派兵包围中兴府；自己则领兵南下攻占积石（今青海贵德县西）。闰五月，成吉思汗避暑六盘山，七月重病于清水县（今甘肃清水县），遗嘱死后秘不发丧。

被蒙古军队围困达半年之久的西夏中兴府（兴庆府改名）粮尽弹绝，瘟疫流行，无力再抗。七月，李睍率残兵败将献城投降。当俘押至萨里川（今蒙古乌兰巴托东南）时，成吉思汗病逝，为防西夏生变，蒙古军队杀李睍而西夏灭亡。

自唐代末年党项为建国而奋斗到西夏灭亡，几经四百余年，有挫折，也有辉煌；有屈辱，也有尊严和荣耀，他们在历史上的浓妆重彩，不应该被历史所淹没和遗忘。

第二章

帝王魂归何处

往事如烟，茫茫大地，西夏帝王今归何处？片言只语的历史记载，为我们留下了团团迷雾。

宋咸平六年（1003年）十二月，李继迁在攻占凉州后，因受吐蕃潘罗支诈降而受重箭之伤，翌年（1004年）一月二日死于灵州境内。七月安葬于贺兰山，元昊称帝后谥曰神武，庙号太祖，墓号裕陵。李继迁死至元昊称帝，时隔三十余年。其子李德明死于宋天圣九年（1031年）十月，因时李德明并未称帝，庙号太宗、陵号嘉陵，也是李元昊称帝以后所追封，其葬地《宋史》卷四百八十五《夏国上》也明确记载在贺兰山，但具体地点不详。成书于明代嘉靖庚子（1540年）的《嘉靖宁夏新志》卷二《陵墓》条，因袭了弘治辛酉年（1501年）撰写的《宁夏新志》，记载了西夏嘉、裕诸陵在贺兰山东，第一次明确了李继迁、李德明两代西夏帝陵均在贺兰山以东较为具体的位置。西夏王朝创立者李元昊于天授礼法延祚十一年（1048年）死于其子宁令哥为报夺妻之恨的刀剑下，谥曰武烈皇帝，庙号景宗，葬泰陵。李谅祚和其父元昊死于非命不同，因病而终，算是寿终正寝，时在拱化五年（1067年）十二月，谥曰昭英皇帝，庙号毅宗，陵号为安陵。做儿皇帝又一度沦为其母梁氏阶下囚的李秉常，病卒于天安礼定元年（1086年）七月，仍以帝礼葬之，谥曰康靖皇帝，庙号惠宗，葬献陵。做了五十四年皇帝的李乾顺死于大德五年（1139年）六月，谥曰圣文皇帝，庙号崇宗，葬于显陵。在位时间比乾顺多一年达五十五年的李仁孝，卒于乾祐二十四年（1193年），谥号圣德皇帝，庙号仁宗，葬寿陵。1975年在7号陵发现的西夏文碑额，经缀合，为“大白上国护城圣德至懿皇帝寿陵志文”十六字，可以确切地证明编号7号的陵墓墓主便是李仁孝。继承李仁孝皇位的李纯祐，在被镇夷郡王李安全废去皇位（1206年）后的第二个月便病卒，但仍以皇帝礼仪安葬，谥曰昭简皇帝，庙号桓宗，葬于庄陵。篡权登上皇位的李安全，为篡权者李遵顼于皇建二年（1211年）七月所废，下月即病死，仍以皇帝礼葬于康陵，谥曰敬穆皇帝，庙号襄宗。自李遵顼以下就不是那么幸运了。在西夏国之将亡的光定十三年（1223年）十二月，李遵顼传位太子德旺，以上皇的名义死于乾定三年（1225年）五月，虽有谥号为英文皇帝，庙号神宗，但所葬何地就不得而知了。同样，在蒙古军队的进攻国之将亡的危急情势下，德旺于乾定三年（1225年）七月惊悸而卒，虽有庙号曰献宗，但谥名和陵名皆无。当了蒙古军队俘虏又被杀于萨里川的末主李睍，更是不知魂归大漠何处。

自李继迁起至末主李睍止，西夏共十一帝一王。李继迁、李德明生前虽未称帝，死后却有被追封的陵号；李遵顼、李德旺虽曾为皇帝，但却陵名皆无，加之李睍无陵，实有九陵。从有关记载看，他们分别是李继迁的裕陵、李德明的嘉陵、李元昊的泰陵、李谅祚的安陵、李秉常的献陵、李乾顺的显陵、李仁孝的寿陵、李纯祐的庄陵和李安全的康陵（见西夏帝王一览表）。

李继迁、李德明均死在西夏建立之前，葬于贺兰山何处没有详细记载可稽，只有弘治《宁夏新志》的修撰者王珣等明确指出他们的埋葬地在贺兰山东麓。《嘉靖宁夏新志》的主要修撰人管律因袭了这个说法，且进一步指出：“贺兰之东，数冢巍然，即伪夏所谓嘉、裕诸陵是也，其制度仿巩县宋陵而作”。明代弘治《宁夏新志》修成，上距西夏灭亡只有二百多年，相隔并不遥远，这个记载应该是可以相信的。

比王珣、管律他们还要更早，现在见诸于文字，知道西夏帝王葬于贺兰山以东的，应该是本书一开头就提到的明代安塞王朱秩炅。他是明代开国皇帝朱元璋诸多孙子中的一个，是朱元璋十六子朱㮵的四子。朱㮵是洪武二十四年（1391年）封为庆王到宁夏就国的。朱秩炅生卒的具体年代不详，以理推测，他当在14世纪中叶。这个王子好游山玩水，兴趣所致，还喜爱舞文弄墨以抒发心中感慨。《嘉靖宁夏新志》中就收录有他的多首诗词，其中本书开头引用的，便是他《古冢谣》中的几段。他喜欢郊游，也喜欢向比他年长的一些老人探问一些古迹之事，“道逢古老向我告，云是昔时王与侯”，比他更早知道西夏帝王陵墓的当然应该是他所称的“古老”，但因未能留下他们的具体姓名，也不可能见诸留下的文字，所以只好把早于王珣、管律等一百多年知道西夏帝陵具体所在的“发现权”归之于朱秩炅了。

晚朱秩炅近六百年，用现代考古学方法确定贺兰山东麓的墓群是西夏帝王陵墓的宁夏文物考古工作者。西夏帝王魂归何处的谜团时至今日也没有完全解开。面对有九座帝陵和二百六十余座陪葬墓冢，除原编为2号（今编为7号）的陵墓发现有“寿陵”碑额的铁证，可以证明李仁孝安葬于此处外，其他陵墓安葬的是谁，即使在对陵区发掘出土的数千块西夏、汉文残碑进行了仔细的一一疏理诠释之后，也未能发现毋庸置疑的证据以确定陵主的归属。1971～1975年期间发掘的原编为8号（今编为6号）陵，发掘者根据残碑有“破会州”三字及陵塔西侧早期形成的堆土中出土“光定元宝”一枚为主要根据，考诸文献，认定西夏攻“破会州”事在李遵顼光定二年（1212年）。而“光定元宝”又是李遵顼时所铸，从而推断这个陵的陵主当为李遵顼。

现在回过头来重新检讨，此说存在着许多值得进一步讨论的疑问。从大的方面看，李遵顼死于乾定三年（1225年）五月，其时蒙古军队兵分两路已向西夏都城挺进，西夏国之将亡，西夏集中全力拼死抵抗尚犹不及；即使丧葬为国之头等大事，但兵临城下，如何能有力量来为李遵顼修建工程如此浩大的陵墓？莫非西夏有点土成穴的魔法？自李继迁至李安全，均有谥号、埋葬陵号的记载，唯独李遵顼和李德旺谥号均无。是因国势情急来不及修陵追加谥号所致抑或记载失传？会州为西魏所始置，唐废，北宋崇宁三年（1104年）复置，金大定二十二年（1182年）改名为新会州。残碑只有“破会州”三字，前后均无文字相连缀，即使西夏“破会州”，也当是在李仁孝在位（1139–1193年）之前的事。而李遵顼在位时，金早已改名为“新会州”而非“会州”。若李遵顼时即使有攻破原会州之事，也应该是“破新会州”而不应是“破会州”。“光定元宝”虽是李遵顼时所铸，可是出于陵台西侧的堆土中。此处土堆推测是蒙古军队挖掘、毁废陵寝时所堆成。堆土中任何的出土物，对于陵主的推定都毫无意义。

现在有的西夏帝陵介绍书刊，都将陵区北部新编为9号的残存土冢定性为帝陵，认为是西夏九座帝陵中的一座。新编8号陵在1971年调查时，除完整的陵塔顶部用作水塔外，其西部神墙和北部神墙均还大部分存在。因该陵处于某部驻地，鹊台和东碑亭早在营舍建设中全部夷为平地，但西碑亭仍然保留。如前所述，1971年还在西碑亭废址上，清理出了大量西夏、汉文残碑和力士碑座，这些文物今存宁夏博物馆可证。8号陵“地上建筑除陵台外全部无存”的情况，是1972年以后所造成。

现在存在的问题是新编为9号的墓是否为西夏帝陵？本书作者是1971年最早参加西夏陵调查的主要成员之一。当时调查时，今编9号陵的墓已四周处于某部营舍之中，真正是“地上建筑除陵台外全部无存”。即使所称的“陵台”，也因早经不断从该处取土而残剩下不大的一个土堆。由于它已没有了帝陵的任何地面建筑特征，所以当时初步调查时已将其排除在了帝陵之外。自此之后，即使经过了近三十年的反复实地调查，也没有发现该墓有任何建筑遗迹或地面文物与帝陵特征相符。

除李遵顼、李德旺和末主李睍葬于何处不明外，自李继迁至李安全的陵墓均在贺兰山下的西夏陵区，应共有九座。根据现存地面建筑和发现的文物特征，现编号1–8号陵园为西夏帝陵当无疑问。编号9是否为帝陵，除非今后地下发掘能有证物出土，目前尚无任何根据以帝陵视之。

八座帝陵之中，除编号7为李仁孝寿陵有毋庸置疑的残断石碑碑额可以铁证外，其余七座陵主是谁目前仍无法确定。李继迁、李德明的裕、嘉两陵位于陵区之首，3号陵地面建筑形制特殊，为立国皇帝李元昊泰陵所在。这些推测即使可以成立，剩下李谅祚、李秉常、李乾顺、李纯祐、李安全五帝魂归何处？虽然没有西夏皇帝生前预先修建陵墓的记载，但若西夏也有像秦、汉、唐等诸代预先修筑陵墓之制，那李遵顼、李德旺即使死于兵荒马乱、国之将倾之时，死后埋入预先已修筑好的陵墓之中，也是不费时力，可以做到的事。如此，对西夏多数帝王而言，魂归何处，仍是云遮雾罩谜团重重。寻找和确定西夏各代皇帝葬于何地的工作，对于时下的宁夏文物考古工作者来说，仍是任重而道远，需做更艰苦的上下求索。

西夏帝王一览表

次序	姓名	生卒年月	庙号	谥号	陵名	备注
	李继迁	963.2-1004.1	太祖	神武	裕陵	为元昊称帝后所追封
	李德明	980-1031.10	太宗	光圣	嘉陵	为元昊称帝后所追封
一	李元昊	1002.5-1048.1	景宗	武烈	泰陵	
二	李谅祚	1047.2-1067.12	毅宗	昭英	安陵	
三	李秉常	1060-1086.7	惠宗	康靖	献陵	
四	李乾顺	1082-1139.6	崇宗	圣文	显陵	
五	李仁孝	1123-1193.9	仁宗	圣德	寿陵	
六	李纯祐	1176-1206.2	桓宗	昭简	庄陵	
七	李安全	1168-1211.8	襄宗	敬穆	康陵	
八	李遵顼	1162-1226.5	神宗	失	失	
九	李德旺	1186-1226.7	献宗	失	失	
南平王	李　晛	？- 1227.7				为蒙古所杀

第三章

巍峨东方金字塔

丧葬历来是封建帝王的大事。西夏远祖的丧葬制度如何，追溯远古，羌族有火葬之俗，具体不得其详。但至迟在北宋初年，党项因受汉族封建礼仪熏陶，已有固定的土葬习俗。据记载，李继迁远祖就寻葬其祖于红石峡（今陕西榆林北），障水别流，不知其处。尽管还不能与党项建国后宏伟的陵园、巍峨的陵塔相比，但总算不是尸陈荒野，对祖先遗骸有了固定的埋葬习俗。当然，现在看来，这种习俗似乎还相当原始、神秘，带有原始民族的遗风，还属于一种近似野蛮的方法。

西夏建国前后的皇陵，在今宁夏首府银川市西郊的贺兰山下，东距银川市（城区）35公里，西紧靠贺兰山。

贺兰山是宁夏北部的名山。北宋名将岳飞的名句“踏破贺兰山阙”即是指此山。山体由东北向西南走向，山以北属内蒙古的阿拉善盟阿拉善旗，戈壁草原，莽莽无垠。贺兰山用它巨大的身躯，阻挡住西北的寒流和沙漠侵袭，使贺兰山以东截然不同。山以东是银川平原，沃野绿洲，树木葱茏，唐代起被诗人誉为“塞上江南”。贺兰山延绵250公里，纵深50～60公里，海拔最高峰3556米，群山险峻，巍峨雄伟，远处望去，形状如驳马。唐代时突厥谓驳马音似汉语“贺兰”，故唐代以后即以贺兰山称之。自远古的旧石器时代晚期起，原始居民便在这里畋猎畜牧，历经汉、唐，先后有匈奴、鲜卑、突厥、党项在这里聚居生息。西夏立国前夕，李元昊以五万之众驻守在贺兰山，几占当时总兵力的十分之一，贺兰山成为西夏近畿的军事重地。

贺兰山东麓是贺兰山形成的山前冲积扇形坡地，地势高亢平坦，海拔高度1170～1200米，相对银川平原，高出约30余米，向东南远眺，银川平原千顷田畴尽收眼底。西夏陵区北至泉齐沟，南止榆树沟。这一区域贺兰山山口少而狭小，少有山洪骤发之虞。地层深厚，上有沙砾覆盖，下有厚厚黄土沉积，适宜挖掘墓穴。雨水稀少，空气干燥，可保墓室牢固，不易坍塌。即使时至今日，银川许多市民选择墓地，也仍以贺兰山东麓为首选。

早在西夏建国前的1004年七月，李继迁就安葬于贺兰山。1017年，李德明又以有龙见于怀远镇（今银川）北的贺兰山祥瑞预兆为借口，意欲将首府由西平府（今宁夏灵武西南）迁往怀远镇。之后便遣贺承珍督领民工数万人在怀远镇大造门阙、宫殿、宗社、神庙。1020年十一月，改怀远镇为兴州，迁都于此。兴州西有贺兰山之固，天险黄河绕其东南，西平为其屏障，进可以形势利便，守可以有险可恃，可谓四塞险固。宋明道元年（1032年）十月，李德明死，也埋葬在与兴州咫尺之遥的贺兰山东麓。

后承祖制，西夏自李元昊起选择贺兰山东麓为帝王陵寝所在，除了追随其父李德明，有不违祖制的意义外，也有贺兰山东麓作为陵寝自身固有的诸多有利之处。兴州（李元昊称帝后又改名兴庆府）近在咫尺，随时祭飨先祖陵墓免受路途劳顿之苦，比之唐代诸陵远在长安北之咸阳原等地，宋代诸陵远离汴京百余公里的巩义嵩山之畔来说，西夏帝陵地理位置之优越，很少历代封建皇帝陵寝可以与之相比。

《嘉靖宁夏新志》卷二《陵墓》条说西夏皇陵“仿巩县宋陵而作”。从总体而言，应该是正确的。

宋代皇陵在今河南省巩义市西南，东距北宋京城汴京（开封）约122公里。南依嵩山北麓，北傍伊洛，地势南高北低，有俯视伊洛之势。自宋太祖建隆元年（960年）起开始营建皇陵至北宋灭亡，前后达160年之久。陵区自南向北和自东向西，分为四个陵区，分别安葬宋太祖赵匡胤至宋哲宗赵煦七个皇帝和赵匡胤称帝后追封其父宋宣祖的陵墓，即所谓的七帝八陵。此外还附葬有22个皇后及上千座皇室成员的陪葬墓。陵区东西长 13 公里、南北宽约 12 公里，总面积达 156 平方公里。

西夏和北宋之间虽然经常兵戎相向，战争不断，但是却也斩不断、理还乱，关系十分微妙。除双方贡使往返不断外，自李继迁起，双方遇有丧葬大事，还互派祭奠使和赠送祭奠物品。宋明道元年（1032 年）正月，李德明死，宋仁宗甚至还辍朝三日和皇太后同服素装为其举哀，并派出了尚书令这样高等级的官员为祭奠使前往西夏祭奠。宋治平四年（1067 年）九月，宋英宗安葬于永厚陵时，西夏还派人到陵寝处祭奠。北宋皇帝隆重而按封建礼仪而建立的一整套完整陵寝制度，对于初次立国，丧葬之仪还未完全走入正规的西夏统治者而言，肯定是学习借鉴和模仿的样板。首先西夏皇陵的总体布局，和北宋皇陵有十分相似的地方。北宋皇陵依山傍河，将七帝八陵、22 座皇后附葬和上千座皇室成员陪葬墓安排在依地形分成四区的156平方公里范围之内。由于贺兰山东北向西南走向和嵩山不同，但西夏皇陵的布局大体上仍是依山面水，只不过黄河在它的左前方稍远而已。西夏皇陵东为今之石（石嘴山市）中（中宁）沿山公路，南为银（银川）巴（巴音浩特）公路，南北长约 10 公里，东西宽约 5 公里，总面积 50 多平方公里。在这个范围内，有 9 座帝陵和 260 余座陪葬墓，布局紧凑，与北宋皇陵相似，但与唐陵有的以山为陵，布局分散有较明显的不同。北宋皇陵按先后次序，布局由南到北和自东到西安排“上宫”；西夏皇陵尽管目前还不能完全确定各个陵园的陵墓主人，但就布局而言，仍是遵循着由南到北和自东向西的总体安排。

北宋皇陵的陵园内城呈南北长方形，四周有墙，每面正中辟门；南门外的神道两侧陈列威严的文臣武士石像和石兽瑞禽等。再前即为“乳台”；西夏皇陵的内城也呈南北长方形或方形，四周筑墙，每面辟门，文武石像和石兽瑞禽等列于南门外的月城两侧，再前是碑亭和鹊台（也可称乳台和阙台）。布局基本相似，不同的是西夏皇陵将北宋皇陵较长的神道及其两侧的陈设范围大为缩小，安排在月城较小的范围内，显得更为紧凑。就陵园总体布局而言，是可以认为西夏裕、嘉诸陵“仿巩县宋陵而作”。仿照不是依葫芦画瓢一切照搬，西夏皇陵也有与北宋皇陵不同的地方。

根据西夏皇陵的地形和分布，从南到北也可以分成四个陵区（图一）。

第一陵区，地形平坦，位于皇陵的最南端，有两座帝陵和陪葬墓三十余座。约占整

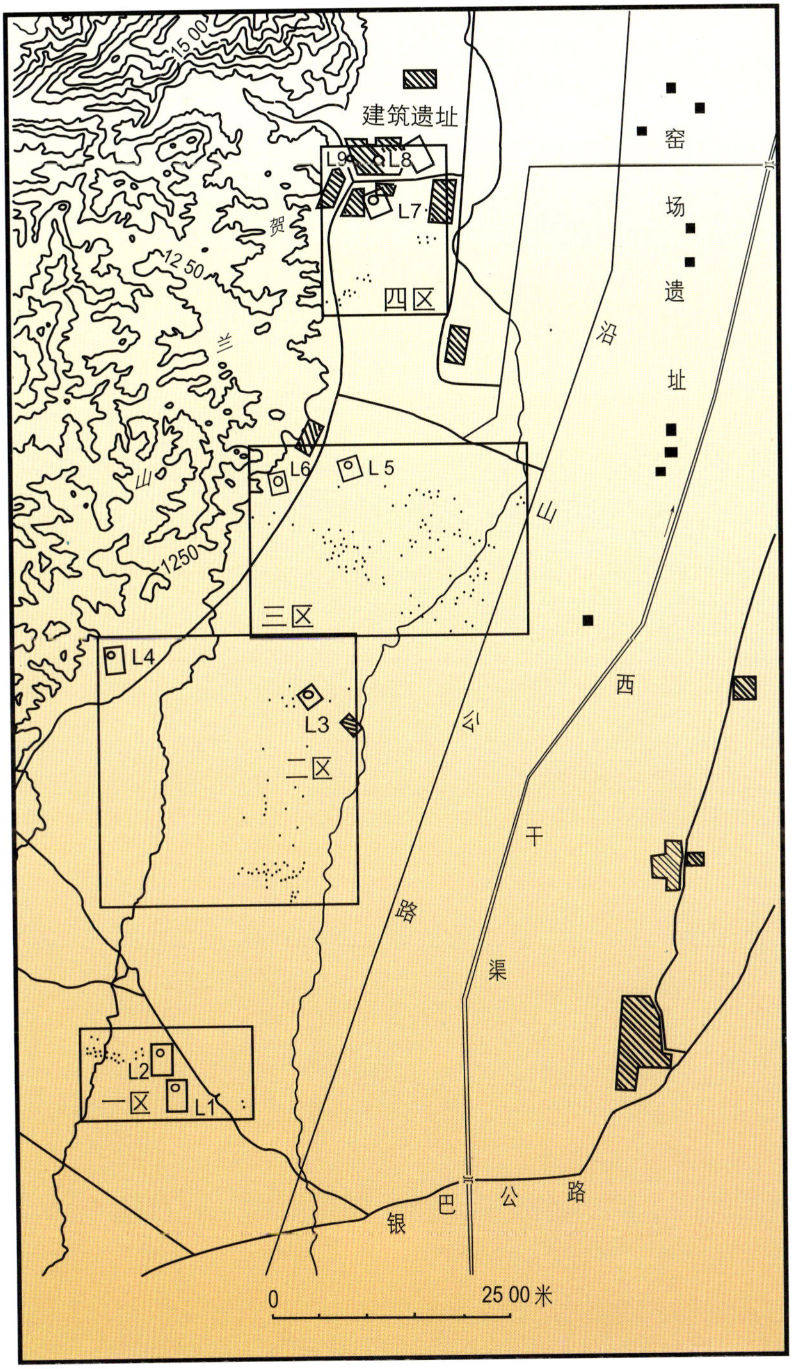
15 00
建筑遗址
L9
L8
L7
贺
12 50
四区
兰
山
L6
L 5
1250
三区
L4
L3
二区
L2
L1
一区
窑
场
遗
址
沿
山
公
路
西
干
渠
银
巴
公
路
0
25 00米

图一　西夏陵陵墓分布图

个皇陵面积的20%左右。最南的一座新编号为1号陵，由于它处于整个皇陵的最前端，若依北宋皇陵的布局最南端的是宋太祖赵匡胤之父宋宣祖陵寝永昌陵，那么新编1号陵就应该是李继迁的裕陵。新编1号陵方向175°，与正南方向偏东5°，陵域的面积约为7.6万平方米。

1号陵有双重神墙（图二.照片2–3）。外城呈长方形，长340米，宽224米，墙基宽1.8米，残高0.3～0.4米。南墙正中是宽35米的门道，墙以砂、土掺和夯筑而成。北墙的东西两角及东西墙近南端，各有凸出于墙体的角台基址。

内城也可以称为宫城或陵城，东、北、西三面仅各距外神墙22米，只有宫城的南墙距外城南神墙137米，使宫墙的南墙与外城的南墙之间留有较宽广的空间。自外城南墙门道内两侧有对称的东、西鹊台（阙台），往北有东、西对称的方形碑亭基址。东西鹊台与东面碑亭之间，又有较小的台基一处，是碑亭或是其他性质建筑，因未发掘无法确定。碑亭以北是东西宽、南北狭的月城。月城东、南、西三面有墙，东、西墙各长47米，南墙长115米，南门正中辟门，宽16米。门两侧墙体加宽为3米，比月城墙基增厚1米，门址及墙两侧地面散布有大量条砖、瓦、瓦当、滴水的碎片。月城门址内东西两侧，即神道的两侧，各有三列南北方向、高出地表的宽4米长方形台基，台基周围有许多残碎的石刻残片，推测是布列文臣石像、瑞禽神兽的基台。月城的北墙即是宫城的南墙。

在宫城的正中心位置，有一边长5米、残高5米的方形夯土基台，周围也有瓦的残件，名称、功用有待今后研究确定。

1号陵是一座用神墙封闭，基本沿中轴线左右对称布局、由多个单体建筑组成的一个完整建筑组群。只是献殿和陵台偏于中轴线的西侧，和宋代皇陵全按中轴线左右布局有所不同。

新编2号陵在1号陵的北偏西处，南北距离仅为35米，处于新编1号陵后面。以长、幼辈分论之，参照北宋皇陵宋宣宗永安陵在前，其子宋太祖赵匡胤永昌陵在其后的布局，有理由推测其是李继迁之子李德明的陵墓。

祖宗之法不能变，袭承祖制，2号陵的布局完全和1号陵相同（图三）。

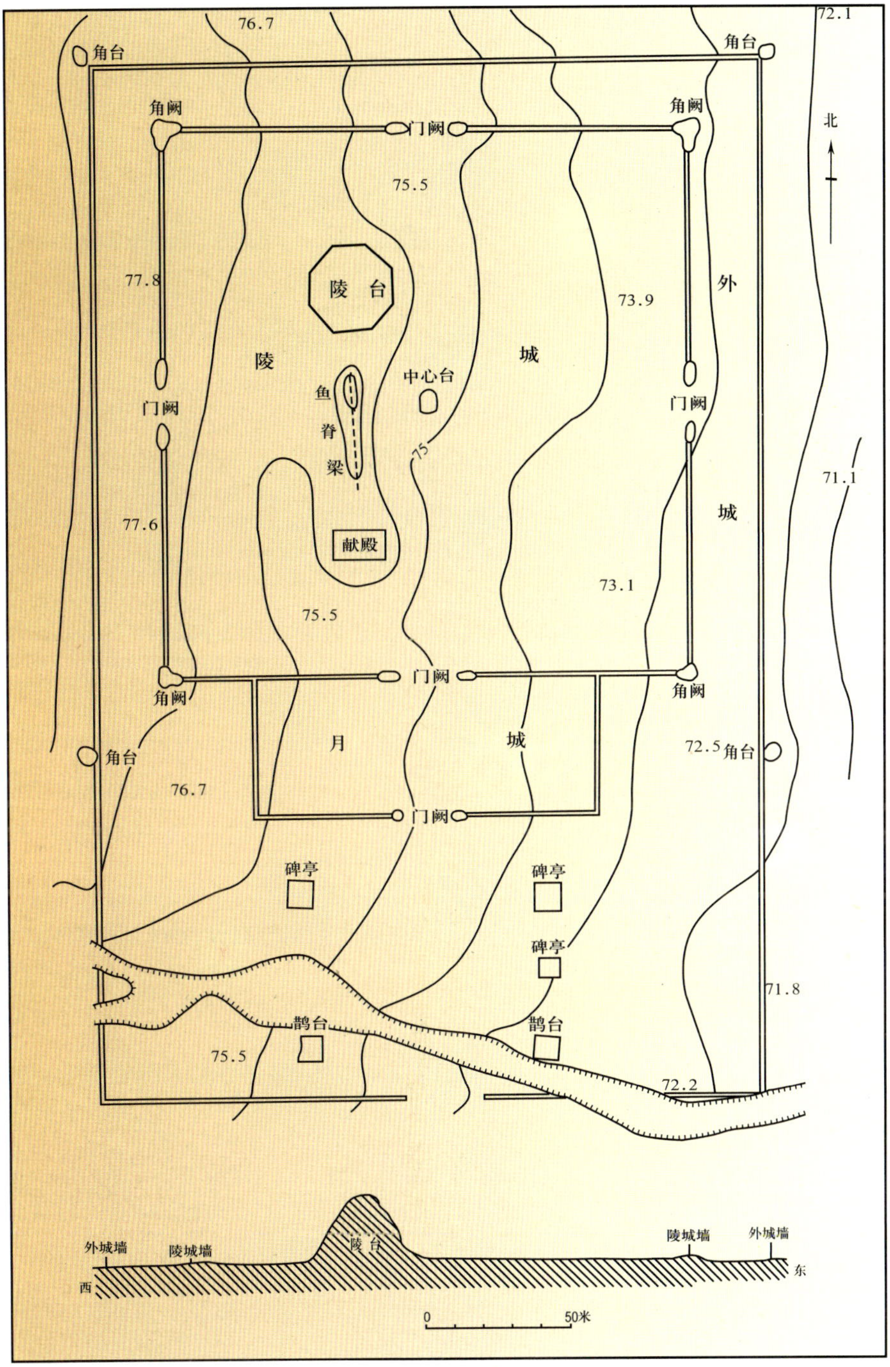
72.1
76.7
角台
角台
角阙
门阙
角阙
北
75.5
陵 台
77.8
外
73.9
陵
城
中心台
鱼
脊
梁
75
门阙
门阙
77.6
71.1
城
献殿
73.1
75.5
角阙
门阙
角阙
月
城
角台
72.5
角台
76.7
门阙
碑亭
碑亭
碑亭
71.8
鹊台
鹊台
75.5
72.2
外城墙
陵城墙
陵台
陵城墙
外城墙
西
东
0
50米

图二 1号陵平面图

照片2　鸟瞰1、2号陵

照片3　1号陵

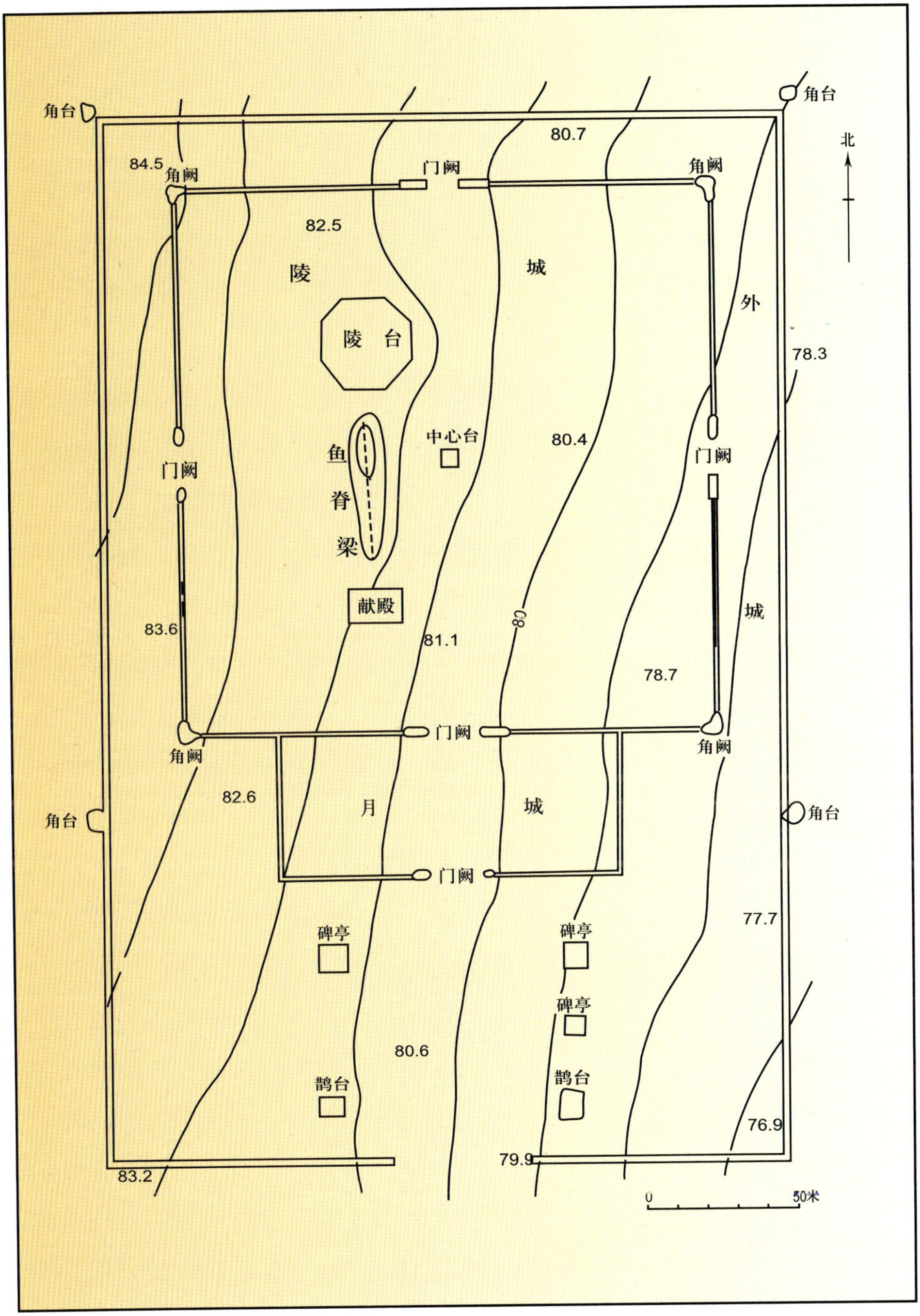
角台
角台
北
80.7
84.5
角阙
门阙
角阙
82.5
陵
城
外
陵台
78.3
中心台
80.4
鱼
脊
梁
门阙
门阙
献殿
城
83.6
81.1
78.7
门阙
角阙
角阙
82.6
月
城
角台
角台
门阙
77.7
碑亭
碑亭
碑亭
80.6
鹊台
鹊台
76.9
79.9
83.2
0
50米

图三　2号陵平面图

2号陵也是双重神墙环绕。外城南北长340米，东西宽224米，基宽1.8米，残高0.3~0.5米，面积约7.6万平方米，方向南偏东5°，几乎是1号陵的再版。

月城以北是略成方形的宫城（有的称内城、陵城），四周以黄土、沙砾夯筑而成的神墙环绕。长宽180×176米，残高约1米，基宽约2.5米。墙的四角有凸出于墙体的角台，四面墙均正中辟门，门左右两侧的阙台也宽于墙体。东、西门址均宽12米，北门址宽14米、只有南门址略宽，为16米。门址内外及角台内外地表也散布有大量砖、瓦、瓦当、滴水、槽心瓦等建材残件。

宫城南门北的偏西处，有东西长18米、南北宽10米、高约1.2米的长方形台基一处，南距宫墙35米。台基表面散布有绿琉璃瓦、砖、花纹方砖、白瓷板瓦、脊兽、石雕等的残件。因其北对着墓道梁和陵塔，所以推测是进行祭奠时的献殿。若以北宋皇陵相比，也可能是一座封闭不十分严密的建筑。献殿北是一条南北向、高出地面的墓道土梁，南端狭、低而北端宽、高，北端尽处有深约2米的不规则形洼坑。

墓道梁北端是宏伟的陵塔。唐、宋皇陵称地宫上面的封土为陵台、方上。西夏6号陵地宫发掘表明，西夏皇陵地宫处于封土之前十余米，封土又形似宝塔，所以以新的陵塔称之。陵塔北沿距宫城北墙约34米。陵塔平面八角形，底部每边长13米，立体呈八棱锥状，分九级，每级向内收分，通高23米。陵塔实心，用土、砂分层夯筑而成。陵塔内有横竖排列的朽木圆洞，是夯筑时有意加夹原木（称纴木）腐朽后所致。其功能有如今日混凝土中加夹钢筋，以增加陵塔的牢固。陵台周围散布大量琉璃瓦、筒板、瓦、滴水、瓦当等建材残件。

陵园的最南端也是东、西相对的两个鹊台，鹊台基宽8米，高6米，台顶略有收分。鹊台和月城之间，东、西各有两个和一个方形碑亭基台遗址，大者边长10米、高2.5米；小者边长8米、高1.5米。碑亭基址以北的月城，长宽和1号陵月城完全相同，即使月城神道两侧各三排长形台基，也和1号陵毫无二致。宫城略作方形，东、西墙长200米，南、北墙宽180米。宫墙四面正中开门。宫城南门里的偏西侧，有长18米，宽11米、高1米的献殿遗址一座。献殿北有墓道梁直至陵塔前方。陵塔作八边形，边长12米，高23.4米，塔身也分九级，每级略有收分，外观似八棱锥柱状（照片4）。

所有建筑组件的四周和地表，程度不同的都有长砖、方砖、花纹方砖、瓦当、滴水、兽头、鸱吻、石雕等建筑材料残件的散布，绿色琉璃瓦，白釉瓷瓦，瓷槽心瓦的残件也俯拾皆是。

2号陵无论是总体布局或是单个建筑组件，大小形制和1号陵如出一辙，几乎完全一致。两个陵位置接近，又单独处于陵区的最南端，与其他陵相距较远。如果考虑到李继迁、李德明父子生前均未立国称帝，他们的裕、嘉陵号均为1038年元昊立国称帝后所追封；那么，1号陵和2号陵分别是李继迁裕陵和李德明嘉陵的推测，则是合理的。

在第一陵区，即西夏皇陵最南区的北偏东约4公里处，为新编3号的陵园。其西约3公里为另一座编号为4的陵园。此处地势平坦，仅西部由于靠近贺兰山，地势作由西向东的稍微倾斜。由于这两座陵园离北面的新编5、6号等陵园也有较远的距离，所以也列为相对独立的一区，称之为二区。

照片4　2号陵

二区东部的新编3号陵园，是西夏皇陵中地面单体建筑组群最特殊的一座，也是引起游人最为关注的一座。向南眺望，可以看见1、2号陵；北望可见5号陵。江泽民、胡锦涛、朱镕基、李岚清等都先后视察了这座陵园。它是目前对外开放、供游人观瞻的唯一一座西夏陵园。

新编3号陵园是保存最好、陵域面积最大、单体建筑组件最为独特的一座陵园。由于它的诸多特殊，人们便自然地将它与西夏建国、李元昊称帝的特殊伟业联系了起来，推测是李元昊的陵墓。这个推测或许也有道理。

正是由于这种特殊，2000年10月至2001年10月，宁夏文物考古研究所和西夏陵区管理处联合对3号陵的几乎全部地面建筑遗址进行了一次大规模的揭露和发掘。这次发掘不仅对西夏3号陵的进一步保护、利用起了重要的作用，而且对整个西夏皇陵的研究，都能起到重大的参照、推动作用。

新编3号陵虽然总体平面的基本布局仍然和1、2号陵大体相同（图四.照片5），但由于外城四隅用远离宫城四角的角台来取代外墙以表示陵园兆域范围，从而大大地扩大了陵园的占地面积。陵园四隅各有一个角台基址，北部两个角台之间相距280米，距宫城北墙两角的距离分别为100米，南部两个角台间的距离为410米，南北角台间的距离也为410米。由于北部两角台间距略短，总面积近12万平方米，几乎比1、2号陵扩大了一倍。兆域范围内的布局，大体和1、2号陵相同，方向150°。最南端有两个鹊台东西相对，相距110米。鹊台基部呈圆形，底径9～10.5米不等，高7.4～8.4米。鹊台北面神道的两侧，东西对称各有一座碑亭遗址。

1987年和1999年分两次对东、西碑亭基址进行了清理发掘。东碑亭呈方形（图五.照片6），高2.25米，边长21.5米，每边5级，逐级收分成阶梯形，外部包砖，南边有斜坡形的踏道可以上至碑亭。碑亭上面的中心是圆形砖砌基址，地面以素面或花纹方砖铺墁，东西方向一字排列四个石雕力士碑座。基址外圈环以另一重砖砌基址。外重基址以外则是方形圆角的基面，上以方砖铺地。碑亭除石雕力士碑座外，还有各类砖、石雕残片、西夏文残碑、铜铃、唐宋钱币、铁器、陶瓷建材残件等，钱币晚至政和通宝。

西碑亭也呈方形（照片7），基部边长20.5米，高2.20米，南边设踏道可登碑亭。

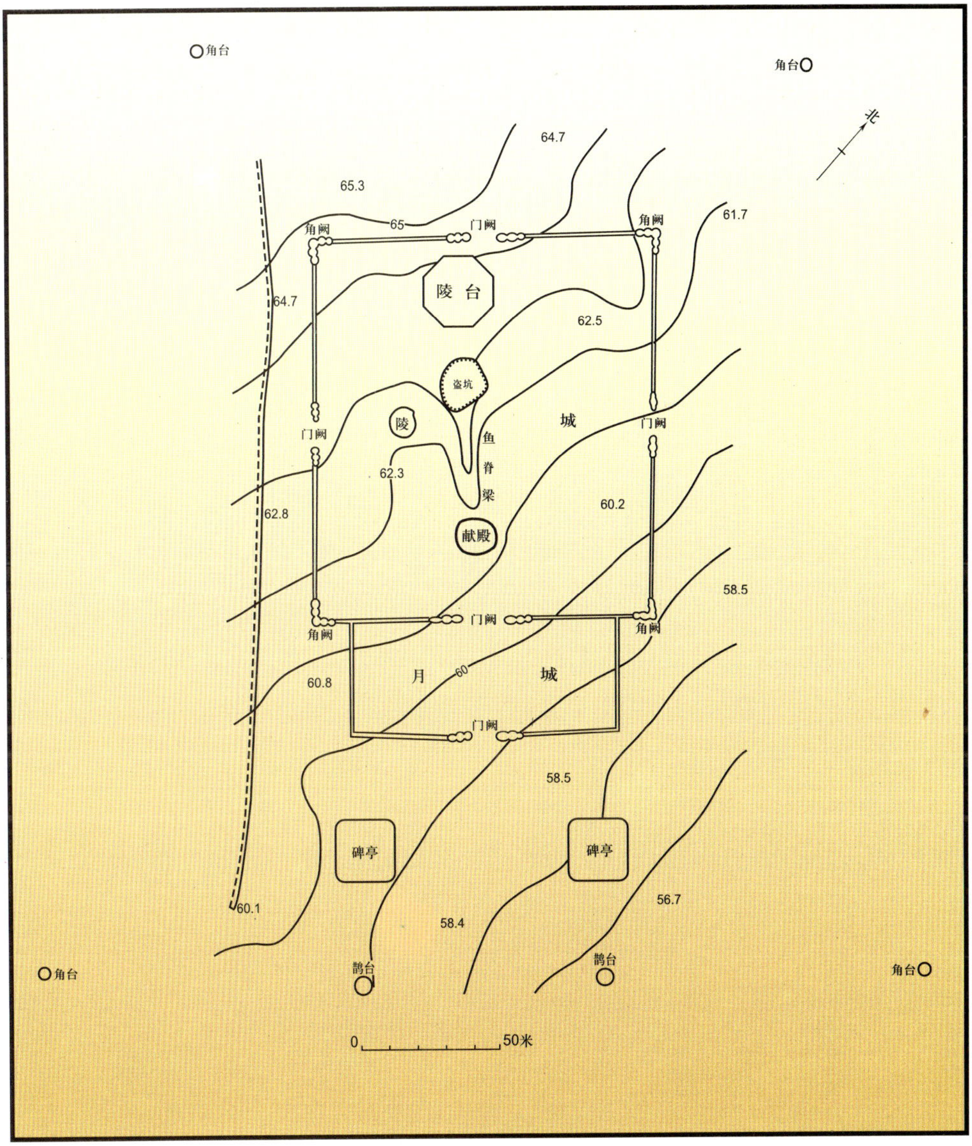
角台
角台
北
64.7
65.3
65
角阙
门阙
角阙
61.7
陵台
64.7
62.5
盗坑
陵
城
门阙
门阙
鱼
脊
梁
62.3
62.8
60.2
献殿
58.5
门阙
角阙
角阙
月
60
城
60.8
门阙
58.5
碑亭
碑亭
56.7
60.1
58.4
鹊台
鹊台
角台
角台
0
50米

图四　3号陵平面图

碑亭地面建筑内圆外方。中心是直径7.6米的圆形砖砌基址，外表抹白灰。地面以方砖铺墁。东西向安放石雕力士碑座四个（其中一个已失）。圆形基址外重砌环形基址一道，也用方砖铺地，再外则为圆角方形基址，以素面方砖铺墁地面。除力士碑座、西夏文残碑、龙云纹碑片、石雕残片和大量的砖、花纹砖、筒瓦、瓦当、滴水、建筑饰件摩羯、海狮、兽头外，西碑亭还出土铜泡、甲片、唐宋钱币、铁器等，钱币晚至崇宁重宝，还有少量的生活实用瓷器。

碑亭北为月城（图六），月城为长方形，东、西二墙均长53米，墙基内外壁各有柱槽15个。月城南墙128.5米，基宽2.45～2.55米，残高不足1米。墙基内外壁也各有柱槽26个，墙体的外层有一层很薄的赭红色泥皮。月城南墙辟门，两侧的门阙是各由3个逐次缩小的连弧状墩体，残高2.2米。月城门道宽9米，两侧近墩体处各有直径0.15米的柱洞，当是门柱的遗迹。

月城神道的东、西两侧，各有南北向、长41.5米、宽3.7米、残高0.2米的两排基台，当是陈置石像生的台基（照片8）。

月城北是近方形的宫城，东、西长181米，南、北宽163米，墙体残高0.8～3.7米不等。墙体外表也饰赭红色墙皮。墙体夯筑，每版长2.6～3.7米不等，每版相接处在墙体内外则有对称的柱槽。宫城的四角和四面墙体正中的门阙，均由连接的连弧型墙体构成。宫城四角阙台宽大（照片9）。

照片5　3号陵

照片6　3号陵东碑亭

南门门址（图七.照片10）宽约21.4米，深12.1米，上有柱础石遗迹，南北两侧中部设斜坡御道，以供出入。东门、北门、西门门道宽分别为13.7，13.45和13.1米，进深分别为9.3、9.2和9.5米，也各有柱础的遗址。门址内外墙基残留有高低不等的包砖。

宫城南门内的偏西处有八边形献殿遗址（图八），每边长8.9～9.1米，殿宽23米，高1.1米。地面以素面方砖、花纹方砖铺地，并规则地布列12个圆形柱洞。南、北两边向外设有墁道，以供上下。

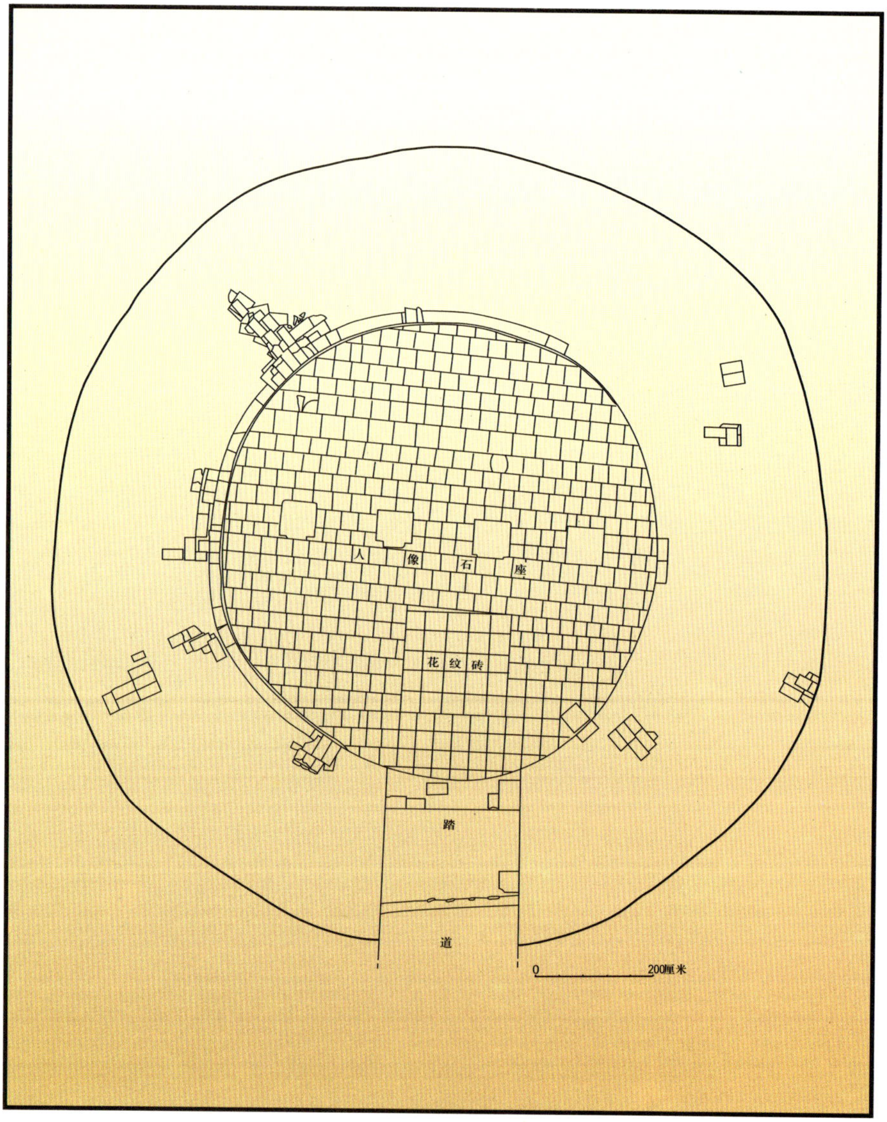

图五　3号陵东碑亭平面图

献殿北为墓道梁，长42米。墓道南端经试掘，坡度24°，宽约8米。

陵塔位于宫城的西北，与墓道梁相对，北侧仅距宫城北墙0.6米。陵塔平面呈圆形，直径37.5米，高

照片7　3号陵西碑亭

21米，顶部直径4～6米，似截顶锥柱体(照片11)。陵塔分7级，每级往内收分，收分处平台上留有大量的瓦件。陵塔实心，夯筑而成，基部外表涂赭红色泥皮，未曾用砖包砌。内部也有横、竖的纴木腐朽圆洞。

陵园遗址发掘出土的文物，有99%左右是各类建筑材料和建筑饰件，尤以砖、各式瓦和滴水为多。其中有楔型砖，忍冬、莲花方砖，兽面、花卉瓦当、滴水等；建筑饰件有迦陵频迦，海狮，鸱吻，套兽和各种石雕残件。此外有数量极少的小型铜器。

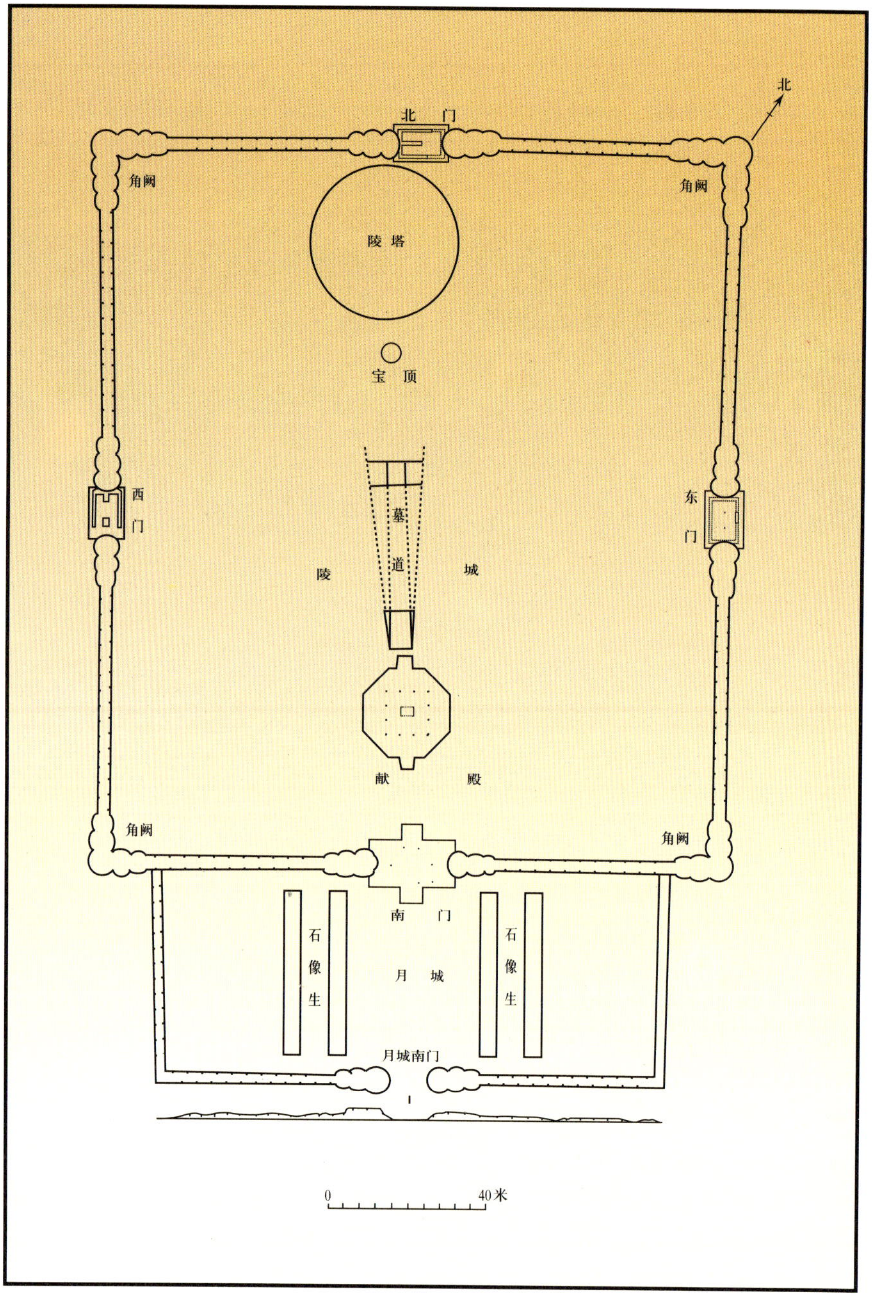

图六　3号陵园(月城、陵城)平面图

照片8　3号皇陵石像生基台

照片9　3号皇陵宫城东南角阙

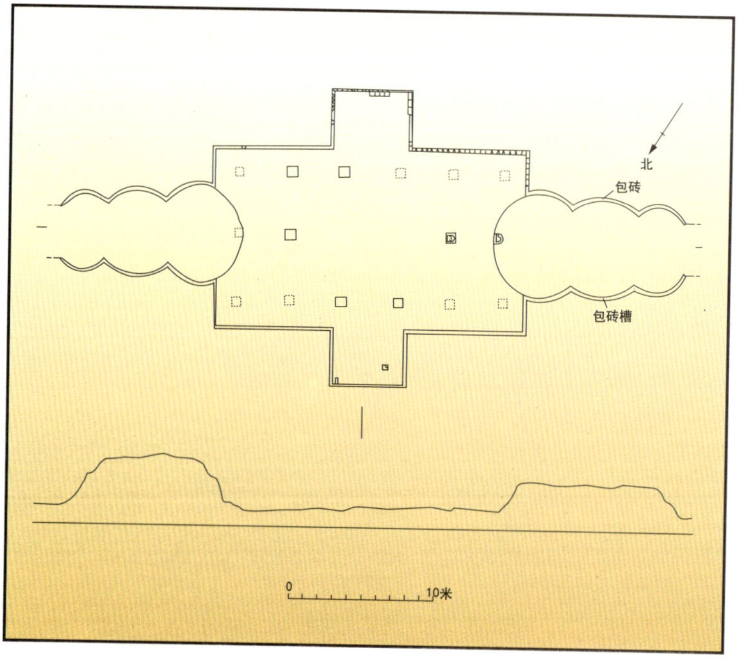

图七　3号陵南门平、剖面图

3号陵东、西碑亭共出土西夏文残碑1260余块，不见汉文残碑，与已部分发掘的5、6、7号陵碑亭西夏文、汉文并存也显得十分特殊。在这大量的西夏文残碑中，没有发现可证明3号陵主的任何文字，3号陵地面建筑遗址连续三年的大规模发掘，对3号陵陵主是李元昊的推论，仍然没有给人以任何可以欣慰的直接证据。

新编4号陵（图九）在3号陵的西部偏北约2公里，紧靠贺兰山。由于陵园西、北部为山丘所环绕，地势由西北向东南略有倾斜。陵园面积约10万平方米，由于受地势的影响，陵园方向160°，即南偏东20°。与1、2号陵方向相比较偏东15°，与3号陵相比偏南10°。

4号陵与3号陵以四隅角台为陵园兆域一样，无重墙。北部东、西二角台，相距100米；南面二角台相距较远，为410米；南北角台相距400米。陵园兆域面积约10万平方米，若以鹊台至宫城北墙计算，面积只有4万多平方米。

总体布局与上述三个陵园相同。

鹊台处于陵园最南端，东西对称，台基边长8米，顶部边长5米，高9米，间距64米。

鹊台往北本应有左右对称碑亭各一，因东碑亭基址现为现代建筑，已不存。西碑亭略作方型，边长15米，高1.2米，上有瓦、石雕残片等。

碑亭以北为月城，只残留门址两侧的墩台，从已夷为平地的遗迹观察，东西长约186米，南北宽约50米。因有现代建筑，月城神门两侧陈放石像生的基台

照片10　3号陵南门遗址

已无存。

月城的北面为宫城。宫城南北长175米，东西宽105米，与上述三个陵园宫城几成方形明显变得狭长。宫城四周神墙，正中各辟门道。除南神门可供人出入外，东、西、北三门因门址内夯土高于地面许多，只具有象征意义。宫城四角阙台倾塌严重，只东北角保存较好，宽3.5米，高3.7米。

献殿在宫城南偏西处，长方形，东西长16米，宽11米，高1.2米，上有残瓦。

墓道梁长37米，其北端有一直径约16米，深2.8米的大深坑，坑的周围堆土为早年挖掘时所堆积。

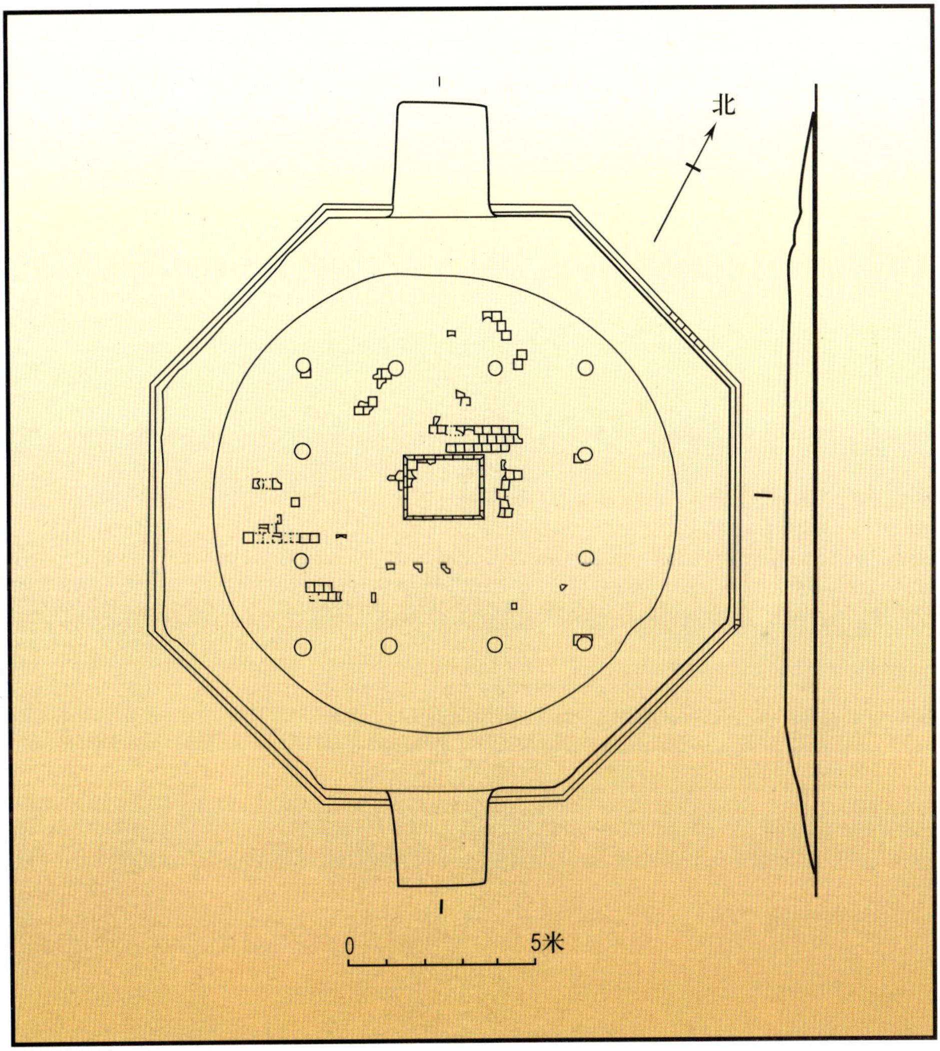

图八　3号陵献殿基址平、剖面图

照片11　3号陵陵塔

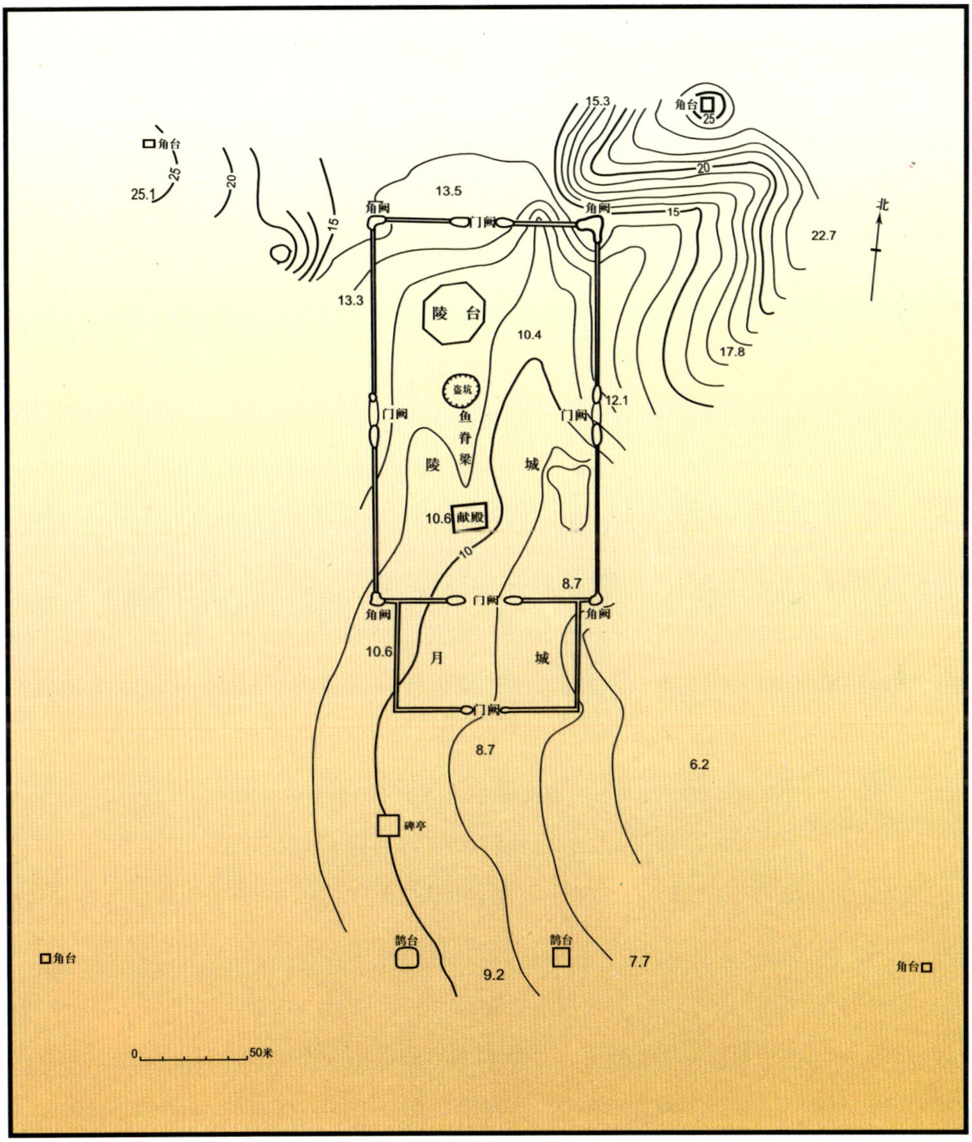
角台
15.3
25
20
22.7
北
15
角台
25.1
25
20
15
13.5
角阙
门阙
角阙
13.3
陵台
10.4
17.8
盗坑
12.1
门阙
鱼
脊
梁
门阙
陵
城
10.6
献殿
10
8.7
角阙
门阙
角阙
10.6
月
城
门阙
8.7
6.2
碑亭
鹊台
鹊台
角台
9.2
7.7
角台
0
50米

图九　4号陵平面图

陵塔处于宫城西北（照片12），北边距宫城北墙27米。陵塔基部呈八边形，每边长约15米。塔身分5级，高15米，每级有收分，收分处的平台上有板瓦等遗留。

4号陵与上述三座陵园相比，不仅规模小，且单独处于贺兰山山前，东、北、西三面为山丘包围的孤僻环境之中。

西夏皇陵第三区，在第二区北约3公里。三区除受贺兰山山体影响由西向东缓慢倾斜外，地势也略有隆起呈岗阜状，且北高向南渐低。

第三区除有新编5、6号两座陵园外，陪葬墓也较多，其中还有新编M126、M161两座规模特大、“宫城”面积达一万平方米以上的“陪葬墓”。不仅面积大，而且也具有鹊台（或缺）、碑亭、月城、献殿、“宫城”、陵塔等成组建筑群体。1971年初步调查时，正是由于这些特征性群体建筑的存在，曾将161号墓编为9号，以帝陵视之。新编126号墓若无鹊台，缺少列入帝陵的资格，但161号墓则具备了鹊台等一系列帝陵所具有的全部建筑组群，为何就被取消了帝陵的“资格”而列入陪葬墓？因此本书固执己见，仍将其列入陵园，以帝陵视之，以作今后进一步研究确定。如此，第三区便有三座皇陵。

新编5号陵（图十）位于3号陵北面约4公里，居整个皇陵区的中部，与其他皇陵相比，地势最高。5号陵和3号陵相似，以四隅的四个角台来表示陵园的兆域。北部两个角台相距340米，南面两个角台相距365米，南、北角台相距约390米，兆域面积13.2万平方米。与上述诸陵不同的是，5号陵兆域之内有双重神墙。外神墙环绕“宫城”东、北、西三面，与“宫城”东、北、西三个门址相对的位置向外凸出，但未开门。

外城长、宽均为200米，凸出部分长宽23×10米。外城与“宫城”相距仅为10米。

陵园由南到北，有鹊台、碑亭、月城、宫城、献殿、陵塔。

鹊台位于陵园的最南端，东西相对，距离70米。台基边长8米，台残高5~6米。

与1、2号陵一样，5号陵有三个大小不一的碑亭，东西相对，距离60米。东有一大一小两个碑亭，小碑亭在前，方形，边长约7米。两个大碑亭于1977年宁夏博物馆派人清理。台基为方形，边长15米，高1米。台基以砖包砌，两碑亭相向的一边各设5级踏道，用于登上碑亭。碑亭中间残存少许圆形砖墙，内部以素面方砖墁地，并有自然石块的柱础及少许立于柱础之上的木柱残迹。东碑亭出土残碎汉文碑块26件，西碑

照片12 4号皇陵陵塔

亭63件，此外有条砖、方砖、板瓦、滴水、瓦当、绿色琉璃饰件等建筑材料。

月城墙已倾塌，从墙基遗迹测得东西长134米，南北宽46米，南门址宽18米。月城御道两侧各有对称的南北向长形台基遗迹三列。每列台基上均留有5处红砂岩风化后的遗迹，当是石像生风化所留。

宫城呈方形，长183米，四墙毁塌严重，只剩门阙。南门宽17米，其余东、北、西三门均宽10米。宫城神墙的四角阙台只剩下曲尺形转角部分。

献殿在宫城南门内偏西，台基长方形，东西长19米，南北宽14米，南面正中设踏道。献殿地面以莲花纹方砖铺墁，上有琉璃饰物残件甚多。

墓道梁朝向陵塔，陵塔残毁严重，只剩直径25米，高约8米的隆起土堆，里面以黄土、砾石相间夯筑，清晰可辨。

若以陵园四隅角台视为城垣的话，5号陵是西夏皇陵中拥有三重城垣的两座皇陵中的一座。另有一座则是同在三区的新编6号陵。

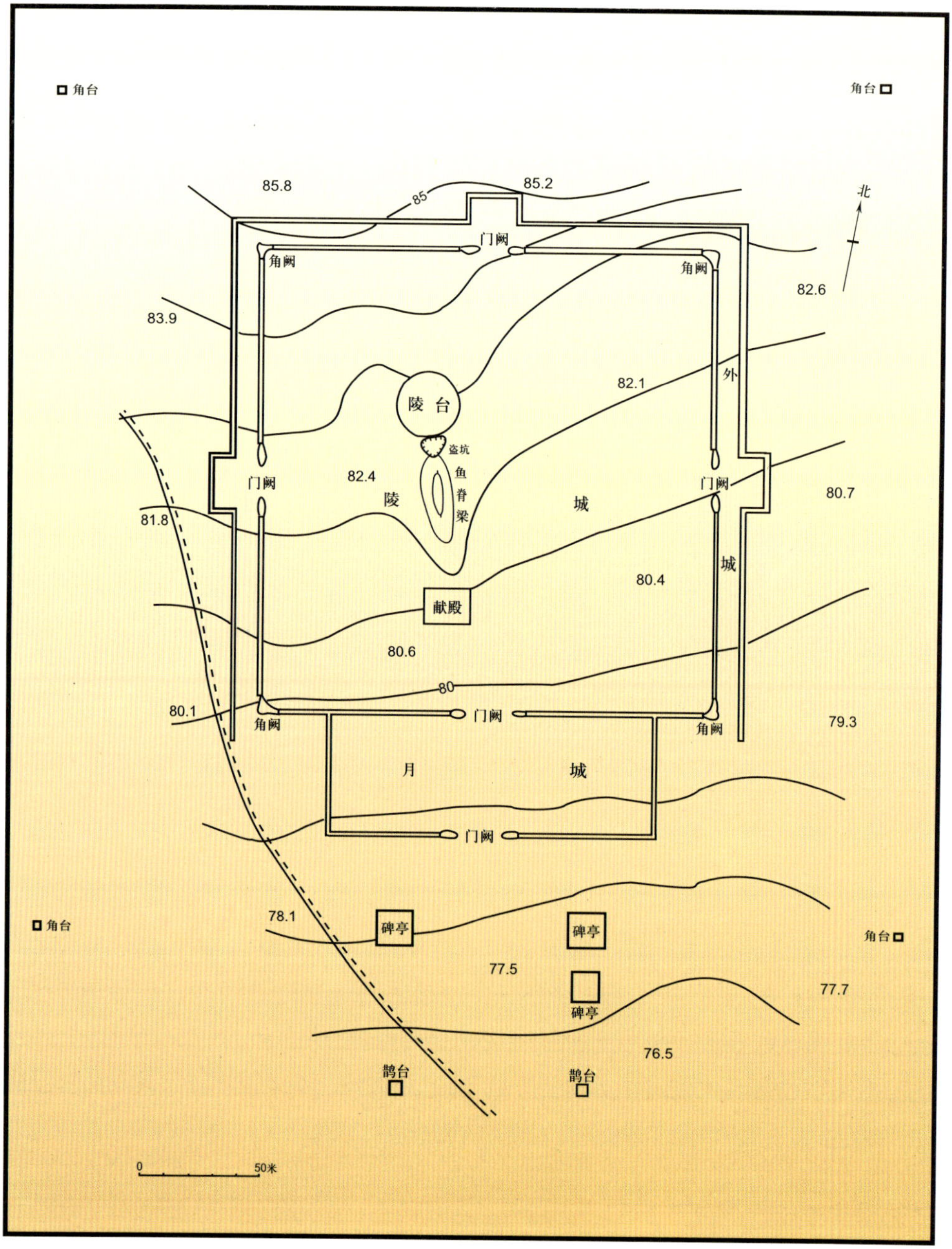
角台
角台
85.8
85.2
85
北
门阙
角阙
角阙
82.6
83.9
82.1
外
陵台
盗坑
鱼
脊
梁
82.4
门阙
门阙
80.7
陵
城
81.8
城
80.4
献殿
80.6
80
80.1
角阙
门阙
角阙
79.3
月
城
门阙
78.1
碑亭
碑亭
角台
角台
77.5
77.7
碑亭
76.5
鹊台
鹊台
0
50米

图十　5号陵平面图

新编6号陵是迄今为止西夏皇陵中地宫经过发掘的唯一一座，在5号陵西约650米，紧靠贺兰山山体，西北为山所绕，方向仍为坐北朝南，南偏东5°（175°）（图十一．照片13）。

陵园的四隅各有一座略为方形的角台，边长6米，呈覆斗形，上小下大，高7米。从顶部及角台周围有大量砖、瓦建筑材料分析，角台上原建有阙楼。南、北的东、西角台间距相等，均为405米，南北角台距离则为420米，兆域面积达17万平方米，比其东面的5号陵还要大出许多。

宫城的东、北、西三面外围以重墙一道，与宫城相距为15米。外重墙东西宽165米，南北长220米。宽2米，残高0.3～0.4米。

6号陵最南端是东西相对、距离65米的两个鹊台。鹊台覆斗形，边长9米，残高7.1米，顶部有砖、瓦遗留，似原建有阙楼的残迹。

鹊台以北是两座相距60米、东西相对的碑亭。1972年～1975年在重点发掘这个皇陵地宫的同时，对东、西碑亭都进行了清理。

照片13 6号陵

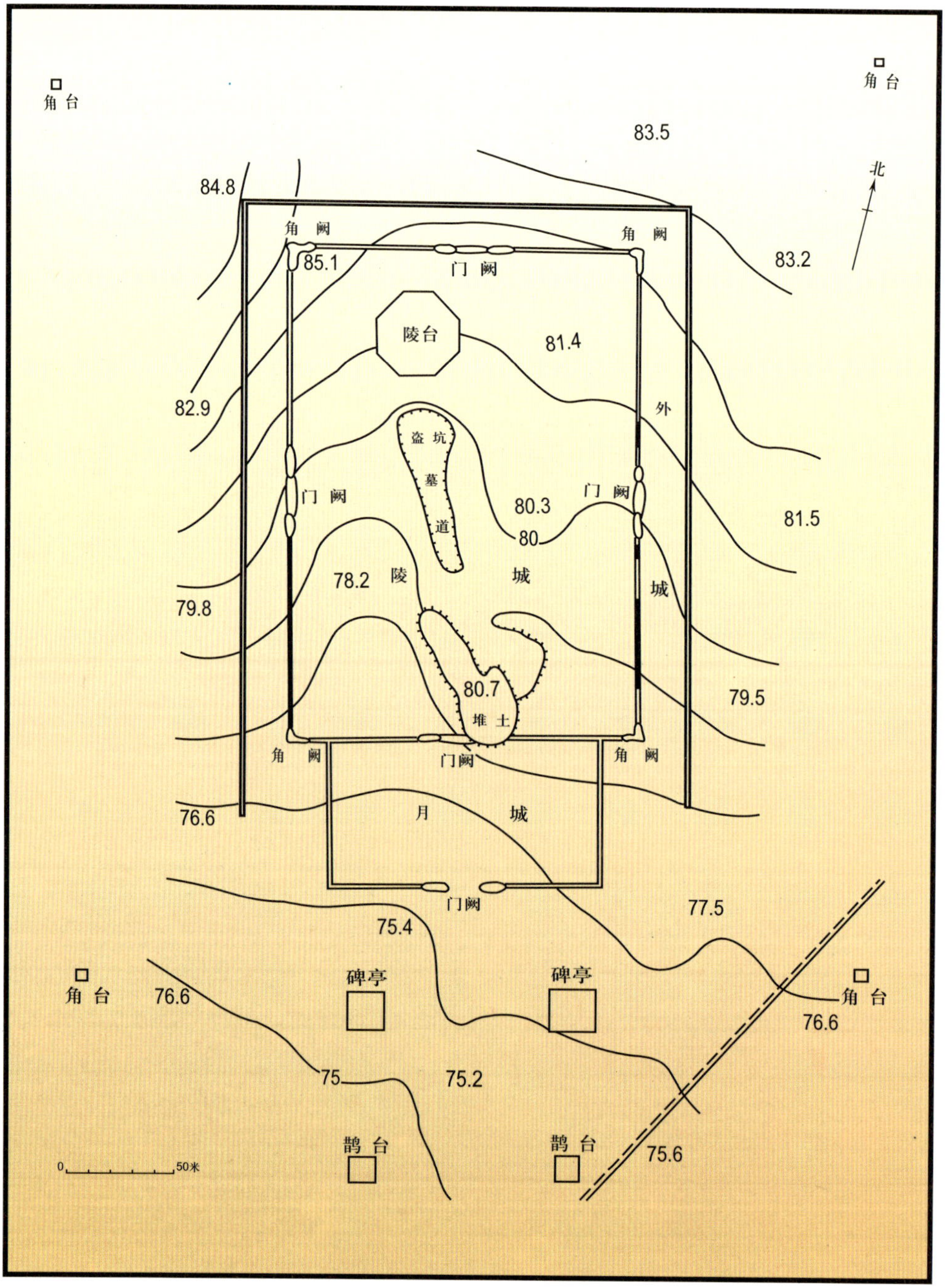
角 台
角 台
83.5
84.8
北
角 阙
角 阙
85.1
门 阙
83.2
陵台
81.4
82.9
外
盗 坑
墓
道
门 阙
80.3
门 阙
81.5
80
78.2
陵
城
79.8
城
80.7
79.5
堆 土
角 阙
门阙
角 阙
76.6
月
城
门阙
77.5
75.4
碑亭
碑亭
角 台
76.6
角 台
76.6
75
75.2
鹊 台
鹊 台
75.6
0
50米

图十一　6号陵平面图

东碑亭基台呈方形，边长约22米，高2.4米，逐级收分成五个台阶，西边正中设供人上下的踏步。基台地面以方砖铺墁，中心残留圆形砖墙，内放置石雕力士碑座一个。碑座顶面刻西夏文三行十五字，记载了多个党项人姓名，背面有题刻“砌垒匠高世昌”六字（照片14、15、16）。另有三处遗迹和现存力士碑座等距离排列，也应是放置碑座的地方，但发掘时未见有碑座。出土西夏文残碑和汉文残碑六百余块和大量残砖，未见瓦件。西碑亭基台也呈方形，但规模较小，边长16米，仅高0.9米，东、西两边正中各设置踏步。台面以方砖铺砌，有自然扁平石块呈四方形排列在台基四角，出土西夏文残碑四百余块和较多的砖、瓦、鸱

照片14　6号陵碑亭碑座

照片 15　6号陵碑座西夏文题刻

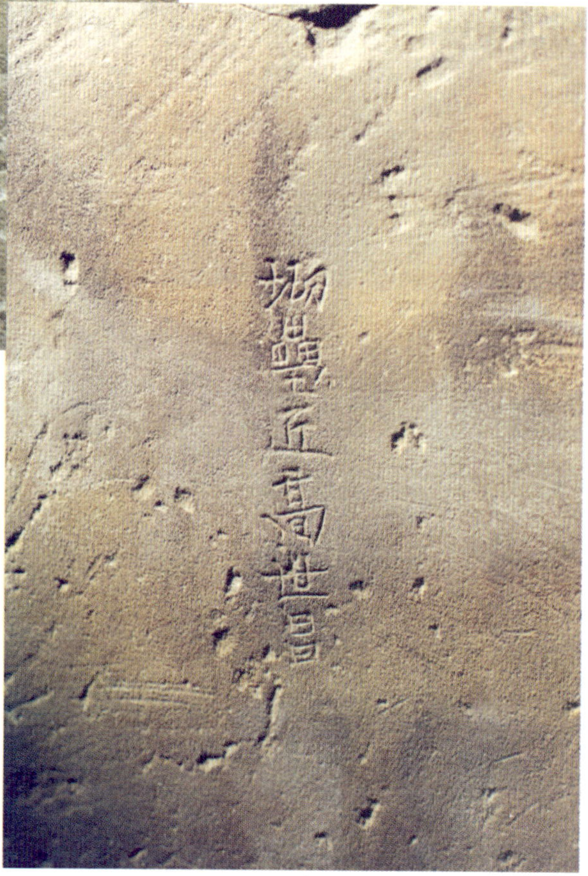

照片 16　6号陵碑座背面汉文题刻

吻残件，但不见汉文残碑。

月城东、西墙长40米，南墙长100米。正中辟门，门道宽约11米。月城御道的东、西两侧，各有南北向、原陈放石像生的基台两列，附近有石雕残片。

宫城为南北向的长方形，神墙东西134米、南北183米、基宽3米，残高5米。神墙四面开门。南门址宽17米，门道内外各设三条斜坡式踏步，各宽约3米。由此推测南门原是面阔三间的过殿式门楼。门址内有大量砖、瓦、筒瓦、瓦当、套兽、鸱吻等建筑材料，经粘对复原出一件高1.52米、宽0.58米的绿琉璃大鸱吻（照片17）。其余宫城三门，门道内以土坯封砌，高出地面4米，似无通行的实际意义。门址内有大量建筑材料残件，似原建有象征性的门楼。神墙四角为直角转折，且比墙体加宽，原来也应有角楼建筑。

照片17　6号陵绿琉璃鸱吻

献殿在南门内偏西，基台呈东西向长方形，高约0.9米，地面以方形花砖铺墁，但保存不多。

陵塔（原称灵台）位于宫城西北，基部八边形，边长12米，其外缘以方砖平砌三层为护墙。陵塔以土夯筑，近基部外表先抹一层草拌泥，在其表再抹一层赭红色泥皮。紧靠陵塔的周边，地表散布大量瓦当、瓦、兽头和燃烧过的木料。陵塔高16.5米，塔身呈七级，每级往内收分。收分处平台上有板瓦、瓦当遗留和木椽腐朽后的圆洞。陵塔前18米处有圆形洼坑，将墓道梁北端破坏。

新编6号陵的地宫已经发掘。地宫的形制和出土文物，将在后面介绍。对6号陵的主人，原发表简报根据碑亭出土汉文残片中有“破会州”三字等材料，翻检史籍，推测是西夏第八代皇帝李遵顼。此推论不足为信。

尽管1971年调查时，将原编号9列为了西夏皇陵，但以后的有关西夏皇陵书刊中却将其剔出，列为特殊形制陪葬墓，不以皇陵视之。

在没有铁证可以确定某座墓是皇陵或陪葬墓时，必须依据大家认可的且较科学的皇陵和陪葬墓区分标准。这个标准，以地面建筑而论，必须具备鹊台、碑亭、月城、献殿、宫城、陵塔等完备建筑组群。

原编号9，现新编为M161，有的书刊将其列入最大的一座陪葬墓中。M161具有外城、鹊台、碑亭、月城、献殿、陵塔等完备的地面建筑组群（照片18、19）。若以目前大家所遵循判定皇陵的标准，是可以视为皇陵的。因此，本书将编号9仍列为皇陵，以作今后进一步研究确定。

新编M161在6号陵的西南200米，西、北两面紧依贺兰山。方向南偏东10°。陵园（仍以皇陵名称之）四隅虽无角台，但宫城的西面和北面围绕有外城。西面外城南北长236米，北面外城东西长120米，向东超出宫城北墙长20米，基宽1米。

陵的最南端是东西相对的两个鹊台，间距90米。经钻探，台基为方形，边长4.8米，因风化太甚，残高1.7米。

鹊台以北为碑亭台基，只有西碑亭一座尚存，边长10米，高1.2米，上有大量砖、瓦、瓦当、滴水、石雕和汉文残碑片。与其相对的东侧，因陵园紧靠山前，地势西北高东南低，极易受山洪冲蚀，基台无迹可寻。

宫城东西宽100米，南北长165米，面积1.65万平方米，比4号皇陵宫城面积1.82万平方米仅少0.17万平方米。宫城只在南墙正中开门，门址宽9米。

献殿在宫城南门内，经钻探表明，平面呈凸字形，底边长15米，上端宽8米。

陵塔位于宫城西北，基部圆形，直径21.5米，因上部收分较大而呈圆锥形，高11.6

照片18 新编M161号墓（原编9号）

米。陵塔前有圆形深坑，直径约21.5米，虽经填埋和淤积，仍深7米。墓道梁北端为深坑所毁，但仍长20米。

西夏皇陵四区，在陵区的最北部，南距5号陵约3公里，地处泉齐沟口以南，地势比三区低平。向南望去，为三区隆起的丘阜挡住视线，只隐约能见5号陵，其余诸陵，都不在视线之内。

在皇陵四区，能确定为皇陵的只有新编7、8号两座。新编9号陵，1971年调查时，因该处在60年代始建营舍时，除陵塔（暂仍称为陵塔）有少量残留外，地面建筑已荡然无存。之所以以皇陵视之，概源自1984年《西夏陵墓出土残碑粹编》中《陵墓主考》。

照片19 新编161号墓(原编9号)

该文从新编号7（原编号2）陵已确定无疑是李仁孝寿陵出发，推想出编号7李仁孝陵的北面还应该有李纯祐、李安全两陵。

新编号7号陵，陵主是西夏立国后第五代皇帝李仁孝，他在位55年，是西夏历史上较有作为的皇帝。1975年对其碑亭遗留的大量残碑进行了拾捡，因当时目的在残碑，对碑亭未作全面清理。在整理复原时，篆体西夏文碑额大致可识，为李仁孝寿陵志文，从而确认当时编号2，现新编7号的皇陵陵主是李仁孝（照片20）。

寿陵在5号陵北约3公里，坐北朝南，方向170°（南偏东10°）（图十二）。由于上世纪60年代在其宫城内大建房舍和开辟运动场所，献殿、墓道梁及北，东神墙已不

照片20　7号陵出土碑额（复原）

存。所幸陵园西部保存较好。由于西夏皇陵地面建筑为左右对称布局，可以据宫城西墙等遗存确定陵园的大致面积。

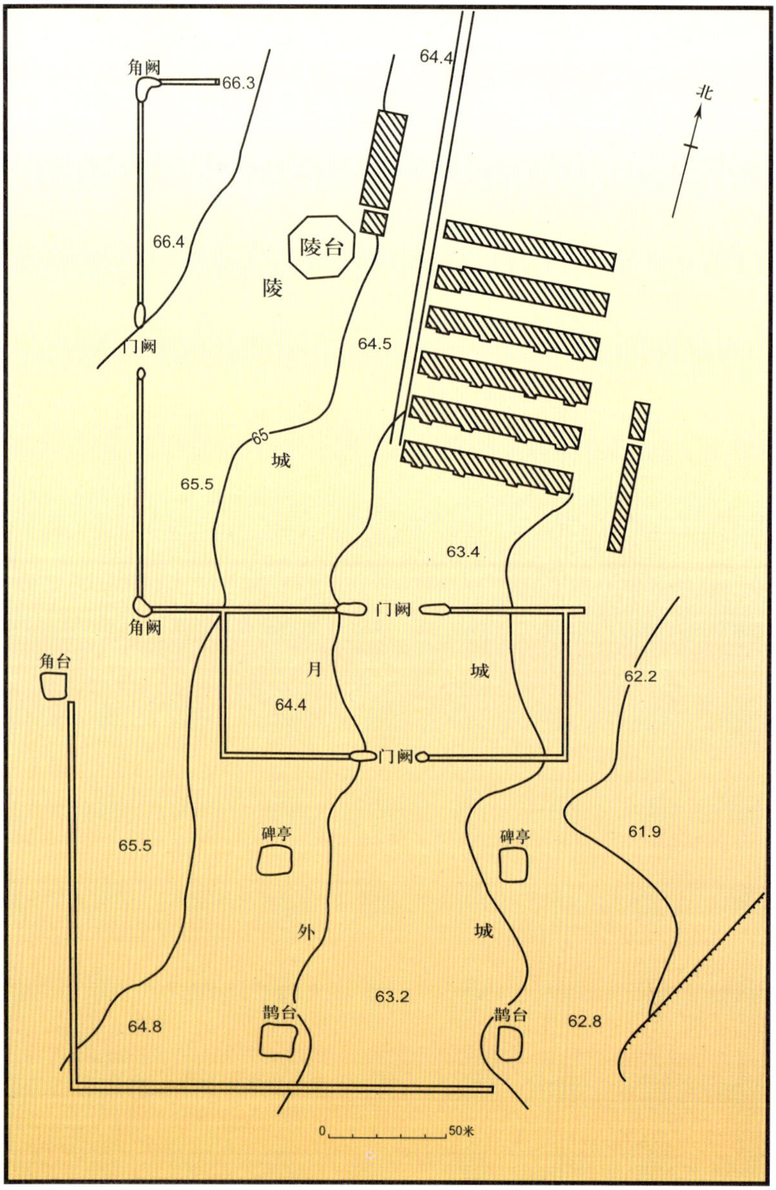

图十二　7号陵平面图

寿陵的平面布局大体和1、2号陵相似。宫城外环绕外城，现只保留陵园外城西南角部分，西外墙长145米，南外墙长135米。外城西墙北端已不存，但可测算其南北长度原来应在360米左右。外城南墙东西长度原来约为220米；外城为长方形，面积在8万平方米左右，与1、2号陵相似。

外城以外的角台，也和1、2号陵布局相似，不在外城四隅，而是紧靠外城边沿。仅存的西南角角台在月城西，几与宫城南墙齐平。外城将包括鹊台在内的整个陵园环包在内，这种布局，也与1、2号陵完全相同。

外城内的最前端，布列两个间距70米、东西相对的鹊台，方形，边长约10米，高9米，地面有砖瓦等残留。

鹊台以北东西对称各有一个碑亭基址。基台方形，边长16米，高2米。1975年9月旨在采集碑亭残碑时，于东碑亭采拾得全为汉文的残碑510件；西碑亭全为西夏文的残碑，有1265件；碑文笔槽内填金，书写娴熟，极为华丽。

碑亭以北是月城。月城南墙东西长120米， 南北50米，南墙正中设门。

宫城神墙只保留完整西墙，正中辟门；南墙的东端因建房舍被毁。但保留部分仍可看出正中开门。北端也只保留西北角阙少许部分。西墙南北长184米，南墙东西长应为180米，几成方形。因宫城内建筑房舍和辟为球场，1971年初次调查时墓道梁、献殿及东北墙已全部毁废无存，只剩陵塔尚在。

陵塔外观基部为八边形，边长12米，分七级，每级收分，高约12米（照片21）。

陵园地面有较多的瓦、筒瓦、砖、绿琉璃饰件、石雕残件等建筑材料。

新编8号陵现仅存陵塔，其东南距寿陵约500米，地处泉齐沟以南，再北即为贺兰山向东伸延出的险峻峰峦。

1971年初次调查时，8号陵的西碑亭尚存。发现的西夏文、汉文残碑及石雕力士碑座现存宁夏博物馆。宫城的西墙和北墙也有部分尚存。陵塔的顶端，“古为今用”，时已建有水塔，但陵塔保存尚好。

因该处曾辟为房舍和球场，调查时，已难寻鹊台、东碑亭、月城、献殿、墓道梁的任何痕迹。但从西碑亭碑文残片、力士碑座与陵塔，及当时尚存的东西部残墙，仍可

照片 21　7 号陵塔

将新编8号陵定性为皇陵。

新编9号视为皇陵的残存土冢，在李仁孝寿陵的北部，相距约450米。调查时，土冢被周围房舍包围，除所剩无几、已看不出其原状的土冢外，土冢周围已无任何原来建筑的痕迹可寻。询之于人，也称原建筑房舍的人已四处分散，难以说清。因此，将此处土冢看成皇陵，当纯属推测，缺少任何根据。

综上所述，可以将断定为西夏皇陵的七座（另一座新编号9的“皇陵”除外）陵园和另一座可能多皇陵的陵园（原编9号，今新编M161号墓）归纳分类成三种类型：

一、以陵园外城将整个陵园包围其中，角台与外城垣相连。外城即为陵园兆域类型。归入此类的有新编1、2、7号三座陵园。原编9号陵（新编M161号墓）也可以归入这一类型。

二、以陵园四隅角台为陵园兆域，兆域内有双重墙垣的类型。归入此类的有新编5、6号两座陵园。

三、虽以陵园四隅角台为陵园兆域，但兆域内只有单重城垣的类型。归入此类的有新编3、4号两座陵园。

巍巍贺兰，平畴千顷；峻峭山峦，沃野良田，在它们之间贺兰山东麓广阔戈壁滩上，众冢巍峨，傲立于苍穹之下。与埃及金字塔齐名，东方金字塔名播天下。

第四章

初揭地宫奥秘

地宫，又称玄宫，是帝王死后永远安息的地方，历代帝王都不惜花费大量的人力、财力，来营造宏大的墓室，充盈大量奇珍异宝，继续其地下天堂的奢侈生活。

西夏皇帝和历代封建帝王一样，死后不仅在地上营建富丽宏伟的陵园，而且还花费大量人力物力，修建深奥莫测的地下宫室，继续其地下天堂的享乐。

西夏皇帝的地宫，诡谲神秘，历来为人所不晓。《嘉靖宁夏新志》在记载西夏李继迁、李德明的裕、嘉诸陵在贺兰山东麓之后，又记载说“有人掘之者，无一物”。如此说来，早在四百多年前，已有人试图掘开西夏帝王地宫。他们的目的当然不是考古探秘，窥测地宫奥秘，而是眼睛盯着地下宫室的金银珠宝，奇珍异物。

说“掘之者无一物”，大概是未能得到金银珠宝之物。

又是谁，最先掘开西夏皇帝的地下宫殿，将埋藏的金银珠宝，奇珍异宝洗劫得如此干净彻底呢？又是谁将西夏陵园摧毁成一片瓦砾呢？

调查揭示，西夏皇陵的许多建筑物曾遭到大火的焚烧，碑亭上陵塔前已炭化的木料可以佐证。残碎的雕像，碑文残片，有用铁钎錾刻的累累条痕。特别是皇陵陵塔前和陪葬墓冢前均有大小不等，深浅不一的洼坑，虽经填埋和长期的泥土淤积，有的直径达21米、深达7米。如此浩大的挖掘工程，绝非区区几个盗掘金银财宝者力所能及，也绝非黑夜掩蔽下偷偷摸摸所能完成。既然目的在于金银珠宝，又何必旷日持久地去一座座地将所有陵墓石碑、雕刻凿成碎片，使后人不可卒读其文字，辨认其原貌？对这些疑问能作出唯一合理解释的，是一场蓄意的、政治性极其强烈的大摧毁。约四百年前的明代嘉靖前后，没有大规模摧毁西夏陵园的有关记载，最有可能发生的时间应在蒙古时期。

改朝换代、国家灭亡，中国历来有大量被灭者宗庙被火烧、陵寝被挖掘的记载。自汉初项羽入关，阿房宫被焚；清人入关，明代帝王陵墓被毁，历朝历代，均有发生，皇陵被毁，成为了灭亡王朝所必不可缺的重大政治性象征。

早在蒙古铁木真未称成吉思汗之前，蒙古高原的克烈部首领汪罕及其子亦剌合便与铁木真对立。1203年，汪罕父子谋杀铁木真未遂，汪罕被杀，其子亦剌合逃亡西夏，为西夏所暂时收留。事过两年，铁木真即以西夏接纳他的仇人亦剌合为借口，发兵攻破其力吉里寨（今宁夏中卫县）。1206年，铁木真被蒙古诸王尊为成吉思汗。第二年，成吉思汗又以“西夏有二心，不纳贡”为借口，再次攻讨西夏。1209年七月，蒙古军队攻破贺兰山附近的克夷门，围攻其首都中兴府（又名兴州、兴庆府），时李安全屈辱纳女求和，蒙古撤中兴府围而去。以后西夏将自己绑在蒙古军队的战车上，帮助蒙古攻金。由于蒙古对西夏“征发日多”、西夏“不堪奔命、礼意渐疏”，1217年又招来蒙古军队再次攻打中兴府。1222年，蒙古军队又打败西夏贺兰山驻军。1226年，成吉思汗老调重弹，再次以西夏接纳仇人为借口，亲自领兵攻中兴府至七月西夏出降，蒙古军队围攻中兴府达半年之久。

西夏为蒙古成吉思汗之世仇，蒙古军队攻打西夏之惨烈，“四面搜杀遗民，民至穿凿土石避之，免者百无一二，白骨蔽野，数千里几成赤地”。

自1205年起至1227年西夏灭亡，蒙古军队六攻西夏，多次兵驻贺兰山下，对该处西夏皇帝陵寝竟能做到“秋毫无犯”，是难以想象的事。尽管没有，也不可能留有蒙古军队焚毁西夏陵园的记载，但于情于理，蒙古军队难辞焚毁西夏陵园之责。

七百余年后，1972年的夏天，贺兰山东麓戈壁滩上，酷暑难耐。在这个常年降雨只有200毫升、蒸发量却达800毫升、干旱无比的荒滩上，出现了一顶帐篷，帐篷里住着几个考古工作人员。

他们停驻在这里的目的，既不是野营度假，也不是悠闲畋猎。他们的目的，就是通过对帐篷旁边的6号陵（原编8号陵）地宫的首次试掘，以揭开沉睡了几达千年之久的西夏皇帝地宫之谜。

在经过了去年冬季西夏皇陵的初步调查之后，他们觉得这座陵园虽然也和别的陵园同样，陵塔前有一个洼坑，陵园有可能曾经掘挖，但与其他陵园陵塔前深而大的洼坑相比，毕竟要小许多，甚至地宫也有未被挖毁的可能。正是由于这些直观的考虑，所以6号陵地宫的发掘，成为了他们的首选目标。

现在看来，在未对地面作认真的清理之前，就贸然决定发掘地宫，显然未免草率；但在那种特殊的年代，也就不足为怪了。

地宫的发掘开始于是年的7月。为了进入地宫，首先需要发掘墓道。墓道又称羡道，是出入、上下地宫的通道。6号陵宫城南门偏西献殿北部与陵塔之间，有一条南北向、由东南向西北偏斜的土梁。据判断，这条隆起于地面、形似鱼脊梁的土梁下面应是通往地宫的墓道。

墓道内填土的清除，断断续续，花费了将近两年的时间。工程的浩大，出土的困难，大大出乎人们的意料。当墓道中回填的土砂、砾石被清除之后，才知道墓道是一条长49米、南端上口宽4米、下口宽3.90米，北端上口宽8.30米、下口宽4.90米，由南向北30°倾斜的大型斜坡式通道，方向南偏东20°，深达24.60米。也就在这时，才发现墓道北端尽头的上部，充塞着与墓道填土不同的回填杂土及其上面的淤泥，是地宫被挖后草草回填和雨水长期淤积的结果。特别是墓道尽头，进入地宫的甬道口前用于封堵的圆木已大多数散乱、甬道口东西两壁彩绘的佩刀武士像上半身已全部被毁，更确凿无疑证明地宫已经被大规模挖掘。

尽管这一结果令人沮丧，但发掘工作仍得继续进行。面对甬道口上面疏松的回填积土，是回过头来重新由地面往下将其全部清除，还是在它的下面设法支撑，形成棚架，沿甬道口往地宫所在继续往前发掘，这一棘手的难题使具体发掘人员和领导都踌躇不前。按正常情况，再从上到下挖掘清除洼坑的全部积土，出土量巨大，旷日持久不说，经费也难以为继；底下设法支撑，有没有技术保证，工作人员和十多位民工生命安全非同儿戏。反复再三。在征询某矿技术工人地下支撑安全问题有保证后，决定地下支撑，在棚架下继续发掘。

虽然这个方法省时省力，但正常的考古发掘中却是少有先例，且仍有一定的风险。

面对巷道内周围疏松的回填土，地宫四壁何在？只得以甬道、地宫内幸存的铺地砖为准了。

地宫仍为南北向。由长6.2米、宽约2.3米的甬道和前壁宽6.8米、后壁宽7.8米、前后壁间距5.6米、近似方形的正室及其左右侧室组成（图十三）。

甬道口前4.2米的墓道底，有5块长1.35～1.85米、厚0.17～0.22米、一面平整另一面有凿錾痕迹的红砂岩石板，或侧立于东壁，或侧立于地面。从断口推测，系由两

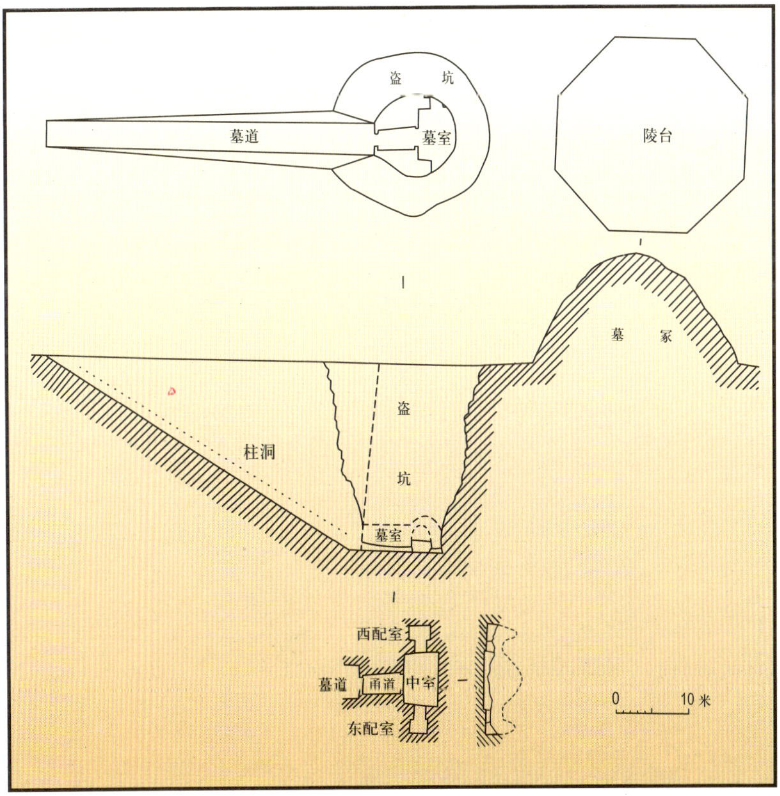

图十三　6号陵墓室、墓道、墓冢平、剖面图

大块断裂而成，有的上面有孔径0.11～0.15米的圆孔。此外，在甬道口1.2米的范围内，有或竖或散乱的已朽圆木、木板，有的高达4米。这些，似乎都是原来用于封堵甬道口的，是挖掘者搬动后所致。

甬道口的东、西前壁，上部已不存。只有下部和壁角有少许残留。残留壁面草拌泥上敷一层厚约0.9厘米的白灰。在其上面各绘面向甬道口的人像一尊。头顶有火焰，上身着战袍、手叉腰，佩长剑，着护臂甲，臂后飘带飞逸，但只残留小半，下部更是漶漫不清，应是守门武士之属，轮廓线条以蓝色勾勒，以赭红和绿色晕染。值得注意的是，画像表面，又有一层白灰，抑或经再次修复？

甬道地面以36×36厘米的灰色素面方砖平铺。甬道后部地面比前半部低一平砖，抑或甬道内又重设有一道封门？在甬道后半部的西侧，发现鎏金嵌绿松石饰品一件，在东侧发现散乱放置的大铜门泡五枚。甬道内还发现用于门板装饰的铜副肘版两件及小铜泡、鎏金甲片、铁钉、银钉圆形饰品等散乱遗物。

正室充填泥沙、大石块和石雕的残块。室内发现散乱的数十粒珍珠、带环铁钉、甲片、瓷片、铜铃、已断为两段的铁剑（照片22）等，未见葬具痕迹。

正室的东、西两侧各有一个2×3米的方形小侧室。正室与侧室之间以2×3米的甬道相连。在东北、东南两转角处残留竖立木柱；东壁下部有木板朽痕。室内散乱有甲片、小铜泡、铜铃等。两侧室地面也墁方砖，其西壁残高约两米，上有宽、厚为28.4厘米的木板护墙痕迹，不见任何遗物。

在中室与两侧室相连的过道中部，有残损石炉一个，炉内有黑色物残留。

正室内充填着杂乱的回填土沙和少量朽木。在高度1.8米的高低不等杂土中，发现竹雕人物饰件一件、马鞍金质包边两件。此外还有铜泡饰、鎏金银饰（照片23、24）、

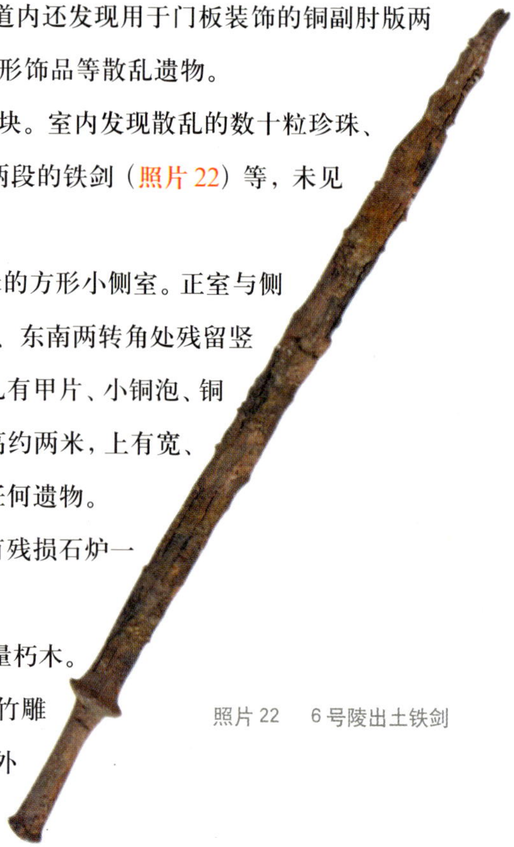

照片22　6号陵出土铁剑

瓷片等遗物。

由于中室地面1.90米以上已在当时支架棚顶上面，回填的堆土和淤积土无法进行清理，其中是否还有遗物，仍是一个奥秘，留待后人去解晓。

除上述这些出土的文物之外，发掘时在正室后部的回填土中，还发现雕龙栏柱三件，残损石经幢三件、石螭首一件、石雕残损人头和身躯三件。这些石雕都应该是原在陵园地上，地宫被挖草草回填时被抛入坑中而落在地宫内。对这些因遇难却意外得以保存较好的陵园石雕，将在以后“西夏文化大观园” 一节中，连同其他文物予以介绍。

地宫内出土的随葬品和地宫被毁后草草填埋遗弃在杂土中的文物共有金银器、铜器、竹器、铁器、陶瓷、珠饰等130余件。金银器中有花瓣形镂孔金饰（带钉）一件（照片25）、嵌绿松石鎏金莲花形银饰两件，鎏金兽面形银饰一件。这些都是衣帽上的饰物。金带铊尾（照片26）一件，长方形，长宽5×2.1厘米，边沿向背面折平，背面上下两端各有一个横向的穿钮，可以系之于皮带之上。钣金成型，正面錾出鱼子地底、葡萄纹凸出，做工非常精细。史籍中有北宋皇帝赐给西夏皇帝金腰带的记载，此件金带饰是否宋室所赐，不敢妄作推测。还有两件马鞍金饰，一件呈圆形，宽16厘米、高11.5厘米，无纹饰，内外缘均有细小钉孔，还附有朽木，应是马鞍鞍桥的包边饰物；另一件为马鞍侧边的包边饰品，无纹饰，边缘也有细小钉孔。

照片23　铜泡(6号陵出土)

照片 24　6 号陵出土鎏金银饰

照片 25　镂孔金饰

铜器中有甲片52枚，大门钉泡5个，门副肘板2件，小铜泡11件，铜铃3件。甲片出土时均散乱，长条柳叶形，长宽不一，长在5.8～9.9厘米，宽1.8～2.1厘米之间，两端有连缀圆孔（照片27）。大门钉泡和副肘版均是门扇上的装饰，钉泡为圆鼓形，折边，边上有的还留有短钉，直径11.6～12厘米。副肘板均残，用于门扇角边的装饰，上压打出一个展翅飞翔的凤凰，周围衬以流云纹，边缘以莲花瓣装饰。

竹雕只发现1件，似为方盘类边缘装饰中的一段。残长7厘米，宽2.7厘米。在如此小的面上，雕有庭院、松树、假山、窗棂、花卉和人物（照片28）。

照片 26　金带铊尾

照片 27　6 号陵出土铜甲片

照片 28　6 号陵出土竹雕

铁器有盔形器、带环铁钉、铁剑等。铁剑出土时已断为两节，外表包以较厚的泥土和锈迹，出土时以为是铁管。后经清理，应是铁剑，长0.57米。

珠饰50件，除一件是黑色圆形穿孔珠饰和孔雀石穿孔佩珠外，其余均为珍珠。

此外，还有残碎白瓷碟、瓶、高足瓷碗、酱釉碟等。几段残断的人腿骨，分别散放于甬道、正室之中。

以揭开西夏帝陵地宫奥秘、探索西夏帝陵地宫丧葬制度为目的的6号陵发掘，以发现地宫已被挖掘破坏、随葬物品遭受浩劫而告终，历时两年有余。尽管与发掘者初衷相距甚远，有兴致未尽之感，但西夏地宫已走一遭，奥秘已初步揭晓。

让我们进入考古工作者依据这次发掘资料所描绘的神秘西夏帝陵地宫作一番畅游吧！

进入长长的墓道，顺着斜坡，来到距地表深24米的地宫门前。门前两壁绘有佩带长剑的威严武士，守护被木头、石门严实封堵的入口。进入两壁以木板护墙的甬道，只见迎面又有重门一道。门板上金光闪闪的铜门泡和副肘板，庄重华丽又威严。进入甬道重门，一个石炉摆放正中，后面四周以木板护墙的墓室中，停放着西夏皇帝的灵柩。灵柩内皇帝身着鎏金甲片连缀的战袍和以珍珠、镶嵌金、银宝石装饰的衣饰，腰束金带。木板护墙的东西侧室安放着以金、银包边的马鞍等用具，镂金错银、玉石瓷器，满室生辉、令人目眩。

尽管地宫的一些细枝末节，因地宫遭挖掘难以完全清楚，但考古工作者描绘的西夏帝陵地宫奥秘，则是以地下文物和地宫遗迹为依据，离实际情况，当不致相差过远。

第五章
陪葬墓冢如水沤

统治者不仅生前前呼后拥，死后也要陪伴成群。从奴隶社会奴隶主以活生生的奴隶殉葬到秦始皇、汉景帝等以成千上万的武士、兵马、陶人陪伴地下，陪葬制度是奴隶社会、封建社会数千年沿袭下来的一条陈规，直至唐、宋也未能变。皇帝生前皇子、妻妾成群，死后皇子、妻妾也要葬于左右。吕后陪葬汉高祖，章怀、懿德太子陪葬唐高宗、武则天，代代相承，概莫能外。北宋皇帝诸陵，附近更有陪葬坟墓数百成千。

“贺兰山下古冢稠，高下有如浮水沤。”这首写于明代的《古冢谣》，将贺兰山下西夏皇陵稠密众多的陪葬坟墓形象地描绘成大大小小的水泡，若作者没有亲临其境，断不会有如此的形象比喻。

凡到过西夏皇陵的人，除高大宏伟的皇陵陵塔首先映入你的眼帘外，那众多如群星拱月似的在皇陵周围一座座墓冢，也将会把你带入一个神奇的境界。

唐、宋帝陵，周围虽然也有成百上千座陪葬墓冢，但由于天长日久，风雨侵蚀，人践马踏，现在能仍然屹立于地面的却为数不是太多了。由于贺兰山东麓戈壁滩上雨水稀少，人迹罕至，环境独特，虽历经千年，座座墓冢仍然屹立，为荒凉寂静的原野增添了壮观的景色。

西夏皇陵究竟有多少陪葬墓，现在也只能说出一个大概的数字。1987～1991年宁夏文物考古研究所人员连续三次对西夏陵区进行了测绘调查，登记有陪葬墓207座。1999年西夏陵管理处人员在进行复查时，又于一、二陵区之间新发现陪葬墓56座。加之以往，共计263座。由于陵区面积广袤，丘阜起伏，加之日久天长、风雨剥蚀，有些墓冢夷为平地，发现确非易事。今后仍有新的发现当不在意料之外。

据1987～1999年宁夏文物考古所人员的调查，一区共有陪葬墓34座；除1号陵东及东北部各有四和六座外，其余24座均位于2号陵的西面。1999年银川市西夏陵管理所在对陵区补充调查时，又于1、2号陵的北面与二区相接处发现陪葬墓56座。这样，一区应有陪葬墓90座，分别坐落于相对集中的东、西、北三个较小的区域内。补充调查的陪葬墓未见公开发表，从已公布的34座陪葬墓中，墓园面积没有一万平方米以上的大墓，最大的是M5，平面布局有碑亭、外城、墓冢，面积3360平方米（以墓园范围计算，下同）。两千平方米以上的只有六座。

二区共有陪葬墓53座，相对集中于三个地域。二区陪葬墓中，也没有墓园面积1万平方米以上的大墓，最大的一座M75，东距3号皇陵约500米，平面布局由碑亭、墓园、墓冢组成。面积1000平方米以上的只有九座。

三区共有陪葬墓101座，是西夏皇陵陪葬墓最多也最密集的区域。这一区域大型陪葬墓较多，面积一万平方米以上的就有三座（M126、M177、M159）。若将列入疑似皇陵的M161也计算在内，则有四座。M126，面积1.53万平方米，方向150°，由碑亭、月城、墓园（相当于皇陵的宫城）、祭殿（相当于皇陵的献殿）、墓冢组成。三区陪葬墓墓园面积1000～5000平方米的共有39座。另有一座M173墓园面积达8232平方米，平面由碑亭、月城、墓园、“照壁”、墓冢组成，也是面积较大的一座。

四区陪葬墓19座，除一座在7号皇陵北外，其余均在7、8号皇陵以南。本区有墓园面积超过一万平方米的特大型陪葬墓一座，位于皇陵的最北端，南距7号陵约1000米。由于残损过甚，地面建筑只剩墓园、“照壁”、墓冢，面积2.6万平方米，几与经过发掘的6号皇陵宫城面积相同，与疑似皇陵的M161宫城面积，也多出一万平方米。墓冢残高只有1.5米，底径约26米。墓园面积1000～5000平方米的陪葬墓，在四区共有五座。

确定某座大型陪葬墓不是皇陵，在目前大型陪葬墓多数未经发掘的情况下，只能依据其地面建筑的布局和土冢与陵塔的差异进行比较。由于一些大型陪葬墓地面建筑和土冢倾塌情况严重，其可靠性就不能不使人产生疑问。具体的在观察某个大型陪葬墓时，应将其归入皇陵还是陪葬墓，肯定会有不同的认识。例如四区最北端的M193，虽然陵园面积2.6万平方米，与寿陵相同，但它却没有鹊台、碑亭、月城等重要皇陵标志性建筑。若将其列入皇陵，显然有欠妥当。

既然问题如此复杂，那就“因循守旧”，仍然以地面布局和墓园大小为主要标准，综合墓冢形状等诸方面特点，大致将1987～1999年调查的207座陪葬墓分为如下五个类型：

一类是墓园布局与皇陵相似，墓园面积和皇陵相近的特大型陪葬墓。

这类墓共有五座。其中除三区的M161（原编号9）因其布局、面积、土冢等与皇陵相近、疑似皇陵外，仍有四座。其中三区三座，四区一座。墓园皆由碑亭、外城（相当于皇陵的月城）、墓园（相当于皇陵的宫城）、祭殿（相当于献殿）、墓冢（相当于陵塔）几部分单体建筑组合而成，其墓冢大多倾塌，只有三区M177（原编号101）还保留原形状（图十四）。墓坐北朝南，方向161°。最南端有东、西对称碑亭各一座。东碑亭方形，边长10.5米，高近1米。四边以砖包砌，地面方砖铺地，有扁平柱石。西碑亭也为方形，大小相近，上面有方形墙基遗存，墙基内外也有扁平未经雕琢的柱石。两碑亭共出西夏、汉文残碑片101件。碑亭北面是外城，东、西37米，南、北41.75米，基宽1米，南墙辟门，宽8.5米，东、西两侧各有原陈放石像生的基址。墓园方形，双垣，内垣近方形，117×114米，面积1.19万平方米。垣南面辟门，内有“照壁”。墓冢位于园内西北，外形呈圆柱形，上下收分不明显，高12米。此墓1977年曾经发掘，墓室与1975年发掘的6号陵相差甚大。根据平面布局、墓冢形状和墓室，列入陪葬墓当无问题。同在三区的M126，无外城，墓园朝南，方向150°。墓园最南东侧，有边长10米、高约0.6米的单独碑亭基址一座。外城56×44米，东、西两侧各有一条南北向基址，其作用与皇陵陈放石像生相同。墓园呈方形，128×120米，面积1.53万平方米。南向开门，门内有12×10米殿台基址。墓冢也在墓园的西北，但已倾塌。地面有

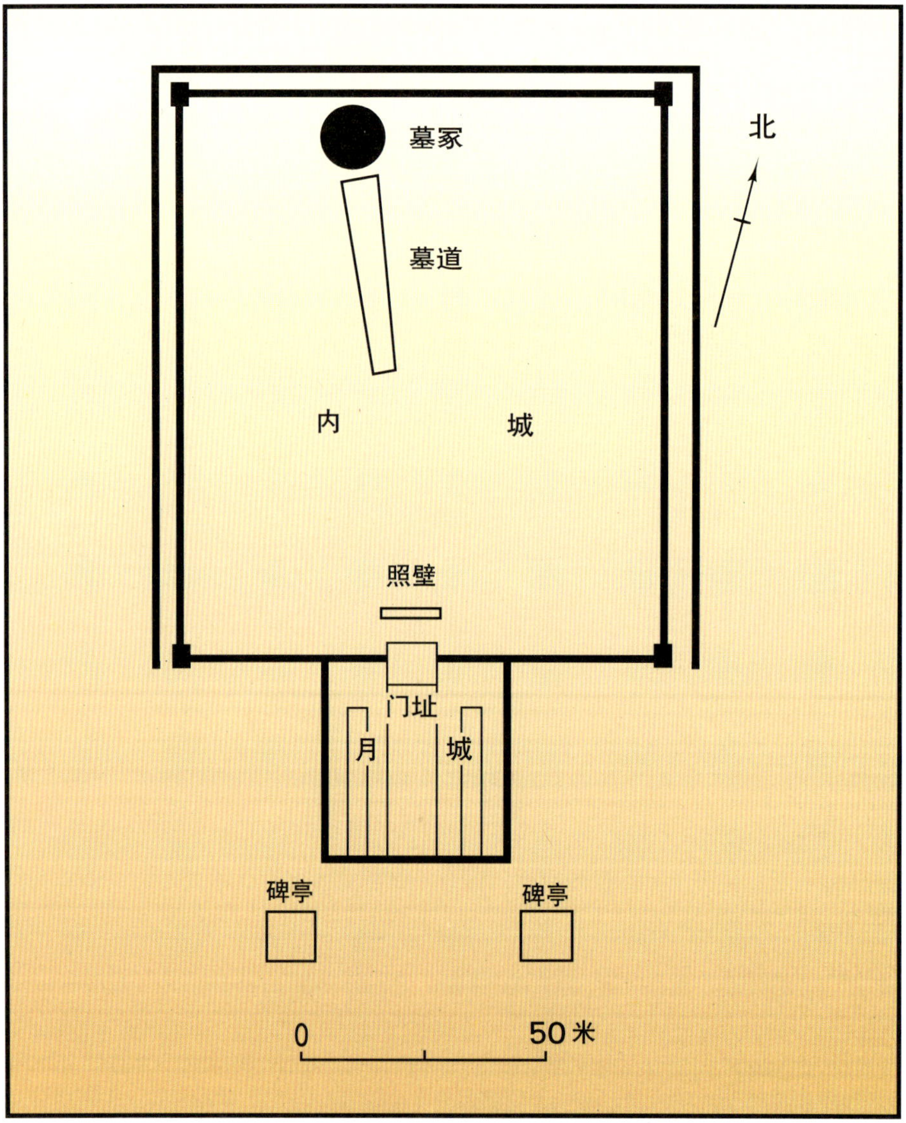

图十四　M177墓园平面图

砖、瓦、方砖、琉璃花纹砖、琉璃瓦、瓦当等建材残件甚多。

第二类是墓园面积5千平方米至1万平方米以上的大型墓。大型墓共四座，其中二区一座（M75），三区一座（M173），四区两座。值得注意的是在一区未见特大型和大型陪葬墓。

二类大型墓，墓园平面以单座碑亭、墓园、墓冢组成；有的有外城或“照壁”。三区的M173，墓园外城的东侧有台基边长6米的碑亭基址。外城的门内两侧各有一条南北向陈放石像生的基址。墓园呈长方形，98×84米，面积8232平方米。墓园内有“照壁”，墓冢在园内西北，已倾塌。位于四区的M183，是一座墓园内有3个墓冢的大型陪葬墓，墓园长方形，80×65米，面积5200平方米。主墓冢在墓园西北，另两座分别在南和东南。M186，方向160°，墓园外城东侧，有一基址边长5米的碑亭，外城40×32米。墓园长方形，108×80米，面积8640平方米，南门址内有“照壁”。墓冢位于墓园西北，圆锥状，高11.5米。

第三类是墓园面积1千至5千平方米的中型陪葬墓，数量最多，共62座，其中一区10座，二区8座，三区39座，四区5座。

从墓园平面布局上看，此类墓园与第二类大型墓区别并不明显，由碑亭、外城、“照壁”、墓园组合而成。但此类墓中也有不少只由碑亭、墓园、墓冢三组建筑组成。

位于一区的M5，西距新编2号皇陵670米，方向180°，由单座碑亭、外城、墓园、“照壁”、墓冢组合而成。碑亭在外城的西侧，方形基址，边长6米。外城长方形，23×9米。墓园60×56米，面积3360平方米，近似方形。墓园南垣正中辟门，门内有“照壁”，墓冢位于墓园的西北，已倾塌。M3西距1号皇陵580米，墓园由单座碑亭、墓园、两个墓冢组成，方向175°。碑亭在墓园外的东侧。墓园长方形，52×46米，面积2392平方米。墓园内有两个墓冢，一在西北，一在东南。更有一墓三冢者，M18只有长方形墓园，48×32米，方向182°，在墓园的西北、东南、西南各有一个墓冢。位于三区的M110，也是一座墓园内有三个土冢的墓，由外城南的东侧碑亭、外城、墓园组成。墓园内的北偏西、南偏东和西南各有一座土冢。M140，也在三区，由两座碑亭、外城、墓园、土冢组成，方向181°。东、西碑亭分别在墓园外城南的两侧，外城34×30米，城内门址两侧各有一条南北向长形基台。墓园68×35米，面积2380平方米，土冢在墓园西北，已倾塌。

原编号108，新编182号墓在四区西南、东北距寿陵（新编7号陵）700米，1975年进行了发掘。这是一座由单座碑亭、墓园、土冢组成的“王”级陪葬墓。碑亭在墓园南垣的东侧，方形，边长10米。经发掘，地面残留方砖铺地，出土西夏文残碑133件，汉文残碑216件。残碑保存字数之多，为迄今包括皇陵在内所仅见。经过拼接，西夏文残碑最多者381字，汉文碑96字，是迄今包括皇陵在内，出土残碑保存字数最多，反映史实内容最丰富的一处。残碑内容记载，墓主是西夏尚父、太师、尚书令、知枢密院事、六部□ □、梁国正献王嵬名安惠，是西夏皇族，死于大约正德三年（1129年）。据推测，生于1063年前后。根据碑文内容，墓主嵬名安惠死于西夏第五代皇帝李乾顺在位之时，按理应陪葬崇宗李乾顺之献陵。墓园近方形，方向166° 南偏东14° ，南北长58米、东西宽55.6米，面积约3290平方米。墙垣基宽1米。墓冢在墓园西北，发掘时已倾塌。

第四类是墓园面积1千平方米以下且有墓垣的小墓，共19座。其中一区7座，二区5座，三区5座，四区2座。这一类型的陪葬墓只有一个四周有墓垣的墓园，也有在同一座墓园中有2～3个墓冢的情况。

一区M8，墓园方形，边长28米，面积794平方米，方向178° ，在墓园西北、东南、西南各有一个墓冢。M31，墓垣长方形，28×16米，方向174° ，面积468平方米，在墓园西北、东南各有1座墓冢。二区M39，方形墓园，28×16米，面积488平方米，墓冢在墓园西北。三区M117，墓园长方形，34×29米，面积986平方米，方向160° ，在墓园北和西南各有一座墓冢。

第五类是只有墓冢而无墓垣的特小型墓，除上述四类外，共有110余座，占陪葬墓的多数。其地面墓冢大多倾塌，无其他遗迹。

M177号墓（原编101），墓园面积1.19万平方米，为特大型陪葬墓。1977年发掘，碑亭虽出汉、西夏文残碑101块，但由于过于破碎，不可卒读、提供不了墓主情况的任何信息。墓室中出土的鎏金铜牛和石雕卧马，形体硕大，工艺精湛。墓园面积大减、属中型墓的M182（原编108），有残碑文字证明是西夏仅位于皇帝之下的太师、尚书令、梁国正献王嵬名安惠。特大型和大型墓主人生前地位如何，以理推之，应该是高于国相的皇后之类人物。居于国相之后的小型墓和特小型墓，也该是勋官贵戚之类吧。昔日王侯今何在？一抔黄土伴孤鸦，这是任何人都无法逃避的结局。

第六章

陪葬墓里有珍宝

西夏皇陵的陪葬墓多如水泡，但至今要进入到它的地下墓室去潇洒走一遭，却不是易事。因为迄今为止，只发掘了四座。由于种种原因，真正为世人所知晓的，只有其中的两座。

虽然只有两座，所幸的是其中有一座，竟是陪葬墓中特大型的墓葬，它就是位于三区的M177。另一座也不平凡，位于四区，虽不是特大型墓，但却是偌大一个 西夏皇陵区唯一知道陪葬者是谁的中型陪葬墓。

M177（原编号101）是宁夏博物馆考古人员于1977年2月～11月，冒严寒、顶烈日、战风沙，用了近十个月的时间发掘出来的。

这座陪葬墓位于5号皇陵的东面约300米，远远望去，它上下似乎一般粗、高达12米的土冢，就如同支撑苍穹的一根粗大支柱。周围环绕的墓园墙垣，内外双重，仅内垣范围便达1.19万平方米（图十四）。再加上它地面上像大多数皇陵和陪葬墓土冢前常常可以见到的挖掘洼坑不很明显，这些大概就是选择M177进行发掘的主要原因。

这座陪葬墓的墓园建筑，规模宏大。下面将进入它的墓室，领略其地下的秘密。

揭开墓冢前略有隆起的土梁，显露出来的是墓室南面方向略偏东的长长墓道（图十五）。呈阶梯状，水平长度40.5米。上口北宽南狭，北端5.4米，南端4.6米，坡度30°拾级而下，墓道北端甬道口处距地面深21米。墓道中的填土，除沙砾、土掺和外，还

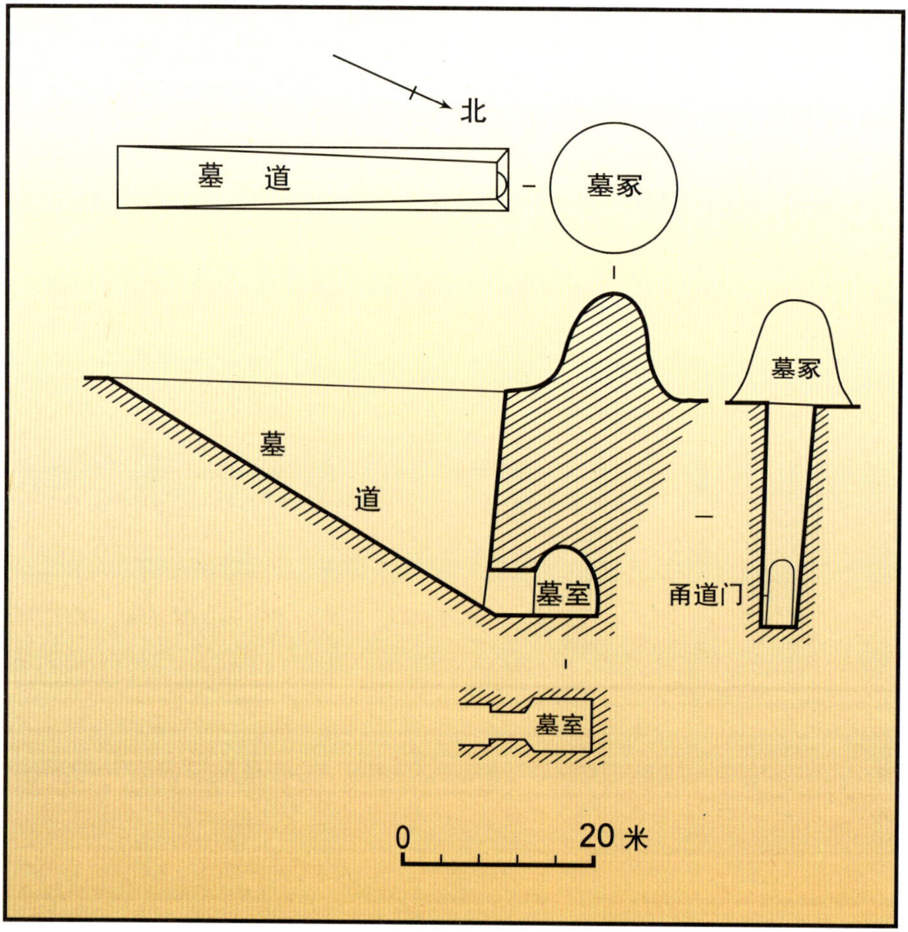

图十五　M177 墓冢、墓室、墓道平、剖面图

有较多的残砖、碎瓦和白灰墙皮，推测是当时墓园修好、丧葬完成、最后掩埋墓道时和土、石一起填入的。墓道北端紧接甬道。甬道口内外用木板封闭，发掘时木板已朽。甬道长 4.6 米，宽 2.5 米，高约 3.6～4.2 米，地面由南向北成缓坡。甬道的东、西两壁下部、各有一条深 0.12 米，长 4.6 米、宽 0.3 米的凹沟，用途不明，有可能是两壁护墙木板腐朽后留下的痕迹。甬道内放置着一个身体肥硕的鎏金大铜牛和一座作卧姿的石雕大马（照片 29）。铜牛头朝北的墓室方向，靠近东壁；石马和铜牛并列，体靠西壁，头向却相反，向外朝对墓道入口。这种位置的摆放，可能寓意于耕牛在家耕作，战马在

照片 29-1 M177 出土鎏金铜牛

照片 29-2 M177 出土石马

外驰骋疆场；当然也可能寓意为农耕、征战，是西夏立国根基所系。铜牛体长1.20米，体宽0.38米，卧姿高0.70米，重达355公斤，用铜锡合金青铜铸造，外表鎏金，造型生动，体态肥硕而不显笨拙；虽作静卧又富有动态，是一件造型和工艺双佳的艺术珍品，为国家珍贵的一级文物。

墓室挖在距地表深21米的黄土层中，与6号皇陵深24.6米相比，只少3.6米。之所以如此深度，固与深埋习俗有关，与此处的具体地层沉积也不无关系。贺兰山东麓是贺兰山山前洪积扇，地表有一层深浅不一的坡前沙砾沉积，砂、砾石无黏合力，结构疏松，不宜挖造洞室，只有其下的黄土沉积，土层结构紧密，含水量又极少，土质坚硬，极适宜营造墓室。

墓室挖在黄土层中的土洞，方形，边长5米，面积25平方米，顶作穹窿状，高6米。西南角有一个盗墓者出入的圆洞。由于墓室遭到盗扰，所剩随葬物品寥寥，只有被盗墓者剩下的铁斧、铁矛、铜铃、铁狗和丝织品的残片。尽管如此，墓室中竟出有面食点心。历经千年、竟还能保存不朽，也算是奇迹。墓室中的尸骨被严重扰乱。上海自然博物馆对收集的尸骨进行鉴定后认为：它们分属四个不同的个体，一男三女，年龄段老年至中年。他们之间是什么关系同葬一室，只好作一些猜测了。考古发掘，用心栽花花不长，无意插柳柳成阴，是为常事。

此墓墓主是谁，李范文先生根据此墓汉文残碑中出现的“仁爱”和西夏文残碑中有“天盛二年庚午秋”等，在否定了墓主是仁爱之后，推定是李仁孝之弟李仁友。无论是李乾顺之子李仁爱抑或李仁友，历史记载确有其人。仁爱死于宋宣和七年（1125年），只活了17岁，与墓中颅骨鉴定七八十岁死者不符。而李仁友死于天庆二年（1196年），享年可能在70岁，与颅骨鉴定死者年龄相符。据历史记载，仁友初封镇夷郡王，后封为越王。言之凿凿，似乎可以成为铁证。但是，从考古学严密的年代推定角度看，这种推定充其量是一种假设，只能说明此墓的年代上限不会早于天盛庚午二年（1150年）。当然，若这种假设今后能得到进一步的确定，M182是一座特大型陪葬墓，墓园占地面积1.19万平方米，墓主又曾封王。这样，为确定西夏皇陵中特大陪葬墓主等级倒不失为一个重要的例证。可惜，目前还无法确定。

陪葬墓M182（原编号108）墓主为西夏皇族、官至西夏尚书令的嵬名安惠。这座墓是1975年秋宁夏博物馆考古人员继西夏6号皇陵地宫发掘之后，为探索西夏陪葬墓奥秘而进行的一次主动发掘。发掘前，对其墓园东侧的碑亭进行了清理，意外从残存西夏文、汉文残碑中获得了墓主姓名、死亡时间的宝贵记载。

这座墓葬（原编为108、现编为182）（图十六、十七）在倾塌土冢前略有隆起的土梁清除之后，便显露出一条长16.4米，南狭北宽，上口1.73～3.45米宽度的长形墓道。墓道向下有36级台阶，坡度40°。墓道回填土距地表深1.10米处，有破碎釉陶罐残片20余块，但不属同一件器物，无法复原。在深2.20米和5.40米处，两次发现由四支长方木板构筑成的井字形方架，用途不明。

方向南北的墓道北端，距地表深12.6米。进入甬道的外面，甬道入口用横向三层木板堵封，每块木板宽15～25厘米不等。木板的后面原来设有进出墓室的木门，腐朽后在甬道底还有木门扇、门限的痕迹。甬道口外的两角拐弯处，还各立有一根上端雕刻人头和人的胸部的长方木头，出土时因压于封门木板之下，腐朽不能完整取出。

甬道长1.75米，宽1.75～1.90米，甬道顶已经塌方。墓室圆角方形，边长约4米，穹窿顶高3.5米。但同样在墓室的顶部发现一个直径约80厘米的盗墓者出入圆洞。地面和四周没有以砖或木板铺护。

由于这座编号为M182的墓葬也同样遭受了盗墓者的盗窃，原状被扰乱，朽木遍室。除了为盗墓者所不需的羊、牛、狗家畜骨骼百余块和鸡、鸭骨，丝绢织物残块外，也只剩下石狗、石马各一件（照片30、31）。此外还有开元通宝、神符通宝、天圣元宝、皇宋通宝、熙宁元宝和绿釉陶罐、白瓷碗、铜器、铁器的残片。

引起兴趣的是墓室中有尸骨三具。一具已扰乱，另两具完整。完整的两具，一具在墓室填土高1.15米的地方，头向西南，俯身侧卧；另一具发现于填土高0.87米的地方，头向西北，俯身直肢。第三具已散乱，在墓室地面。

据上海自然博物馆鉴定，三具尸骨均是男性，除第三具年龄在50～60岁外，其余两具年龄在30～40岁。特别是距墓底1.15米的那具尸骨，头骨颅底破损，左侧顶骨近结处有向四周扩散、裂缝的小洞，下颌骨断裂等症状，推测为非正常死亡。只有被扰

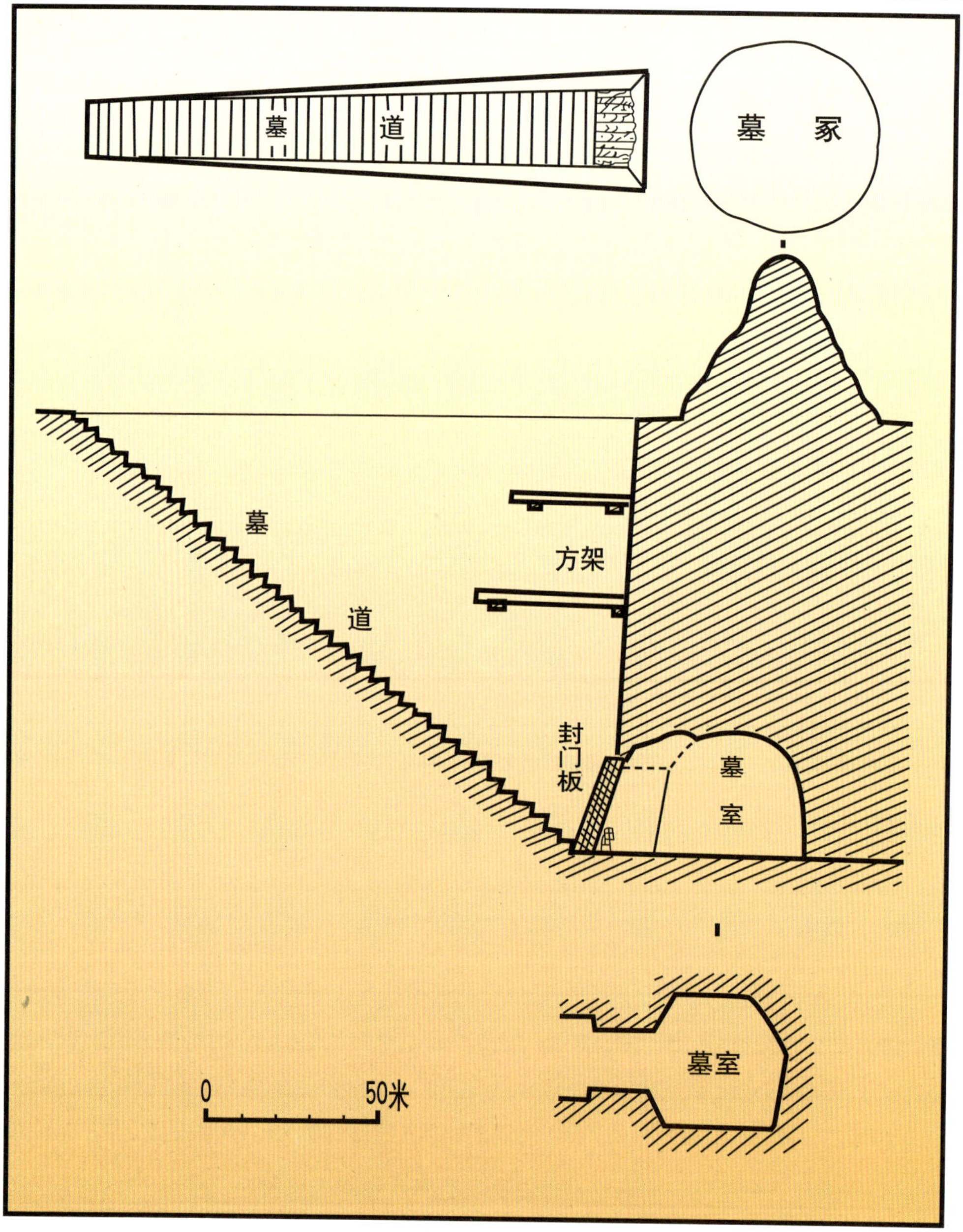

图十六　M182墓冢、墓室、墓道平、剖面图

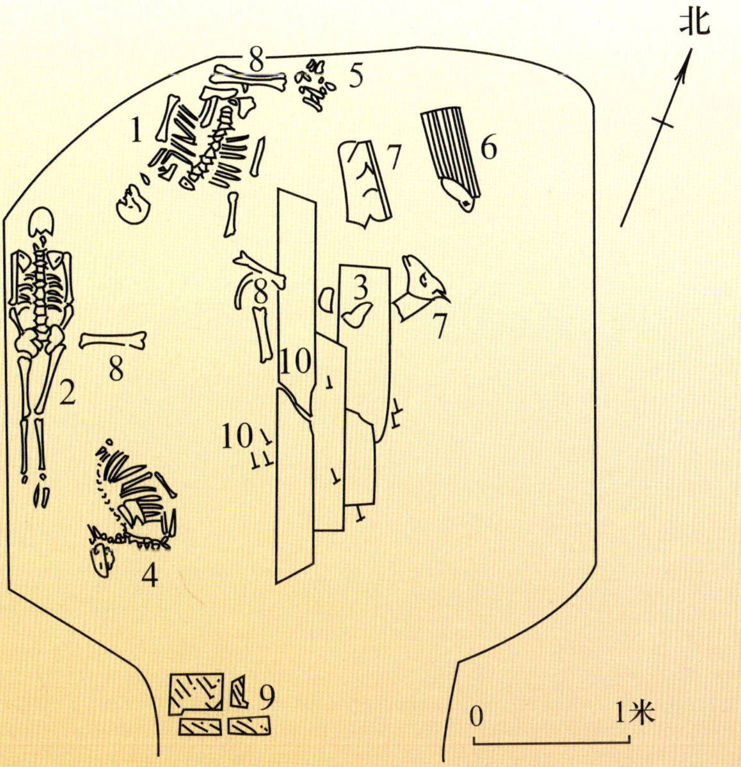

1. 1号人骨架　2. 2号人骨架　3. 3号人骨架　4. 完整幼羊骨架　5. 鸡、鸭骨
6. 石狗　7. 石马　8. 畜骨　9.残门　10.残棺板

图十七　M182 墓室平面图

乱，散置于墓底的第三具年龄50～60岁的尸骨，才是此墓的真正主人。

尽管M182残损的丝绢织品为盗墓者视如敝履，但对西夏丝绸织品、乃至中国古代丝绸的研究，却是十分难得的重要实物。

照片 30　M182 出土石狗

照片 31　M182 出土石马

经上海纺织科学院纺织史组鉴定，这批丝织品分属罗、绫、锦三个种类，烟色素罗、棕色纹罗、棕色异向绫、工字绫和茂花闪色锦五个品种。烟色素罗是四根一组的素罗组织。经密度达每厘米40～50根，纬密达每厘米15～16根；每根经线的宽度0.2～0.3毫米，纬线每根宽0.86～0.1毫米。棕色纹罗为四根经线一组的绞经组织，花纹是两经相交的平罗组织，质地比素罗要厚实。每厘米经密82～86根、纬密每厘米20～22根。每支经线宽0.14～0.25毫米，纬线宽0.64～0.71毫米。棕色异向绫是我国其他地方很少见到的一个品种，是用生蚕丝织造的。地纹是三上一下变化的斜纹组织、花纹则是纬向一上三下的呈“Z”形斜纹组织。纬线粗，经线细，斜纹纹路清晰。每厘米经线有52～56根，纬丝有40～42根。经线宽0.5毫米，纬线宽0.53～0.59毫米。工字绫是以空心线条组成的Z字形图案，Z字套叠合榫。以细小的经线和较粗的纬线为结构特点。纬纹隆起，凸凹效果分明，工字绫的布面留有敷彩或金粉的痕迹，从而富丽华贵。每厘米经线密度为44～46根、纬线密度25～27根，经线宽0.17毫米，纬线宽1.0～1.07毫米。茂花闪色锦，组织经线较密，纬线较粗，使织物丰满厚实，经丝浮线蓬松突现，富有立体感。经线密度36～38根。经丝每根宽0.64～0.85毫米，纬线宽0.5～0.6毫米。

像这样以细如发丝的经、纬线织成的绫、罗、锦，工艺上达到了很高的水平；表面敷彩或以金粉印制的织物，十分华丽名贵。尽管西夏立国后设立了专司纺织的“织绢院”，西夏文字典中也有绫、锦等字，但这些罗、绫、锦是否是西夏所织，还无有力证据。相反，据研究者认为是从中原地区输入。北宋、西夏之间虽然长期处于交战状态，但史籍中却有北宋“岁赐”给西夏大量绫罗丝绸和货币的记载。货币不易腐朽而流传，而丝绸织品却极易腐朽。遗留至今者弥足珍贵。

从上述两座经过了发掘的陪葬墓来看，M177是属于特大类型，M182梁国正献王、尚书令嵬名安惠墓属中等类型。两座墓都同样遭受了盗墓者的盗窃。但从墓葬形制和出土文物来看，两者的悬殊还是较为明显。M177有较大的陵园，出土大铜牛，石马形体硕大、工艺精良；身为梁国正献王、尚书令，又是皇族的M182墓主嵬名安惠，墓园狭小，随葬的石狗、石马只有0.65～0.67米长、0.30～0.34米高，与M177相比有天壤之别。嵬名安惠是死于李乾顺在位之时，而他却是李乾顺母亲梁太后的宠臣。梁太后专权朝政，与其兄梁乞逋权倾朝野，直至1099年辽将梁太后毒死，李乾顺才真正总揽朝纲。嵬名安惠死于大约1129年前后，因受梁太后牵连，死时可能因贬而地位骤降，不以正献王礼葬之，因而墓园狭小，随葬物品简陋，也“未树碑立传”，只是又经过了八十余年，西夏第八代皇帝遵顼才为他“平反”、“恢复名誉”，给他重新立碑以彰功德。若此说能够成立，倒可以解释身为皇族，尚书令的梁国正献王嵬名安惠死后埋葬似此等的凄凉简陋了。也可以为特大型和大型陪葬墓主人生前身份和地位的推测，有了新的启示。

1990年和2001年，银川市西夏陵管理处和宁夏文物考古研究所先后在西夏皇陵以南约二十公里的永宁县闽宁村、地处贺兰山东麓的荒滩上，清理了八座西夏时期的墓葬。这些墓葬虽西夏皇陵，也不是西夏皇陵的陪葬墓，但对了解西夏皇陵陪葬墓，也有一定的启示作用。

这些墓葬发掘报告已正式发表。

这批墓葬和西夏皇陵的陪葬墓一样，有的地面尚残存墓的四周墙垣，但倾塌情况比西夏皇陵严重，有的只能看到墙垣的痕迹。有的有一个小碑亭，土冢多数已塌毁。墓道为斜坡或阶梯式，但墓室均为单室土洞。墓室遭严重盗扰，只有一座尚好，出土有稀见的木俑（照片32−33）。碑亭的石碑也和西夏皇陵一样，曾遭严重敲砸，残存字数极少，其中有汉文“臣曰野利”等字。

野利氏是党项、西夏的大族，虽不能和皇族相比，但元昊建国后，就立众多妻妾中的野利氏为宪诚皇后，位居众妃之首，还让野利旺荣、野利遇乞兄弟分掌左右厢重兵。创制西夏文字的也是野利氏族中的野利仁荣。

这处墓地究竟是野利氏的家族墓地还是西夏某个大臣的墓地，目前尚没有足够的证据可以说明。但起码显示，西夏皇陵陪葬墓的主人应是西夏皇族的成员。非皇族成员，即便是党项、西夏大族或达官显爵者，也得另行择地安葬，不得陪葬西夏皇陵。

照片 32-1　闽宁村出土武士俑

照片 32-2　闽宁村出土武士俑

照片 33–1　闽宁村出土武士俑

照片 33–3　闽宁村出土骑俑

照片 33–2　闽宁村出土文吏俑

第七章
祈求冥福有禅院

历代封建帝王陵寝，事死如事生，除了陵园建筑尽善尽美，设施齐全，应有尽有外，其他附属设施也必不可少。自秦汉以来，皇陵陵园都有专门看守的陵户，于陵园附近建筑陵邑居住，甚至还修建专门为死后皇帝祈求冥福的禅院，众僧日夜为死者诵经祝福，祈求他们灵魂早日超度成佛，进入极乐世界。

西夏皇陵是否和唐宋皇陵一样，也曾有陵户专司看护，由于没有历史记载可寻，妄加推断将有违历史事实，但西夏皇陵东侧的中部的确也有一处被视为“常年居住的实用性建筑”遗存。

这处建筑遗存处于西夏皇陵东侧的中部。1987年发现这处遗存时，由于此前在这里植树造林，已变成林带，原来保存情况已难以查明。但从地面散布的瓷片范围估测，东西宽约50米，南北长约100米。

在这处面积约5000平方米的范围内，没有发现建筑基址的任何踪迹。但稀疏的树丛中各种瓷片和建筑残件俯拾皆是，有的地方甚至十分密集。建筑残件的品种、形制、花纹、颜色等和陵区所见的同类材料几乎完全一致，但最多的还是日常所用的生活瓷器如碗、盘、豆、罐、盆等的残片。它们的特征，和其他地方发现的西夏瓷器相同，据此，调查者认为此处是西夏一处供人常年居住的实用性建筑遗址。

皇陵是威严的禁区，闲杂人等不仅不能进入陵区，与陵园无关的人等，更不得在陵区范围修建居舍，常年定居。若这处遗址是供人常年居住的实用性建筑的推测能成立，那居住在这里的人，肯定应该与西夏皇陵有着某种特殊关系。

西夏皇陵北端有一处面积巨大的遗址，是西夏皇陵另一处其功能与这个居住遗存迥然有别的建筑遗存。

这处遗存，在西夏皇陵的北部偏东，它的西南约1000米，是李仁孝的寿陵（即新编7号陵）。

遗址为南北方向的长方形，周围地形广阔平坦，西南与寿陵相望，西北与贺兰山伸延的东西向山峦相近，西北略高，地势向东南略有倾斜。地面上遗址的墙垣、院落布局清晰可辨，大量砖、瓦、脊饰和瓷片遍布地面。

这处遗址的平面布局十分规整，朝南，长方形，方向164°（南偏东16°），与皇陵方向大致相同。东西宽200米，南北长300米，占地面积约6万平方米，与多数西夏皇陵面积相比略小。遗址的南端为20世纪60年代所修道路毁去部分，遗址上面也有数条现代壕沟纵横切割。

遗址的四周为墙垣所环绕，大部分墙体早已倾塌，但部分墙体还残存高约1米，墙基宽约0.9米左右。西墙垣的近北端处，有一向外凸出的三面封闭墙垣，由于墙垣三面均没有开门，既不是瓮城，更不是门址。

遗址的平面布局，是一座进深三重的院落，从南到北，可分为前、中、后三院（图十八）。

前院的前墙已被公路毁去部分，南北进深只残留长60米。前院的东西两侧，各有东西对称的长方形四合院。四合院的南墙已毁，残长40米，宽34米。

中院是整个建筑的主体，面积约占全部面积的一半。前院和中院之间有一条东西方向的城垣。中院空间较大，除中间大殿外，前面又各有东西对称的两个小院落和大殿周围的院落。整个中院进深为120米。

后院与中院之间也有东西向的墙垣，进深长度为98米。后院除其南墙垣东西两侧似有东西向长方形房屋基址外，只在南部的正中处有殿址一处，殿址长约34米，宽24米。

1986年和1987年，宁夏文物考古研究所曾连续两次对这处建筑遗址进行了发掘，合计发掘面积约为1/11。

发掘工作主要在遗址中院的东南处，发现有夯土台基、过殿、挟屋、便房、过道、行廊、踏步、柱洞等建筑遗存。

台基的四壁以条砖包砌，下设散水、牙子砖等，台

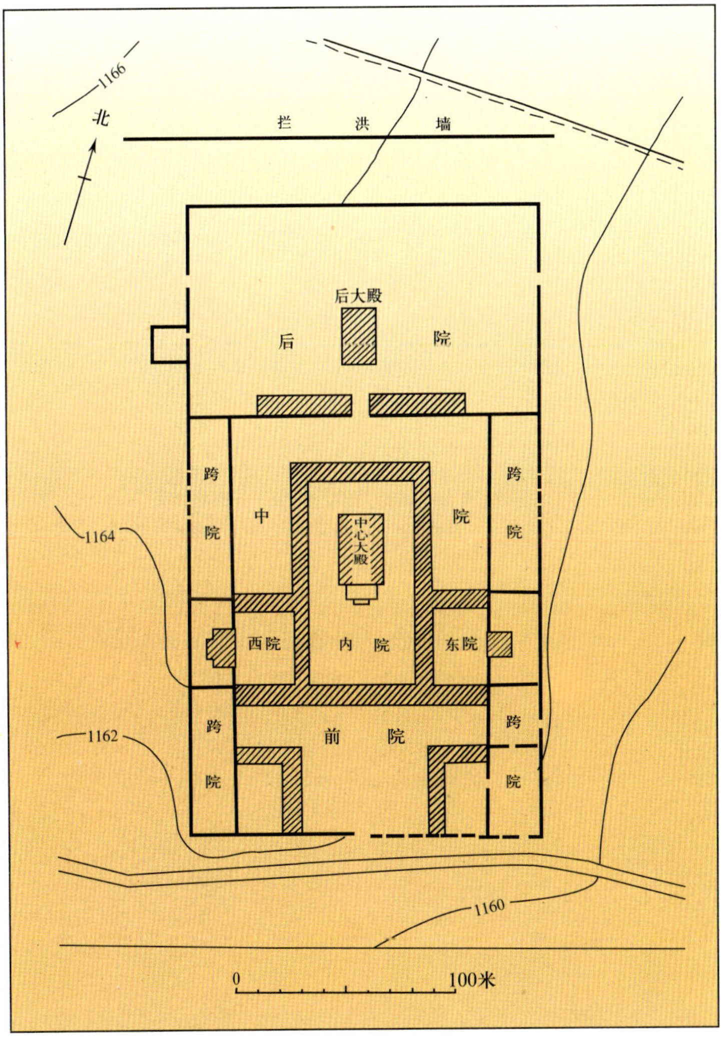

图十八　禅院遗址平面图

基上发现有建筑遗迹。

过殿在南院南垣的正中，与中院中心的大殿南北相对，处于同一中轴线上。过殿由一大二小三个方形的殿址相连而成，平面呈凸字形，过殿偏西的北面凹槽内东西并列三个柱洞。两座挟屋并列在过殿的两侧，它们之间以过道相连。

过殿、挟屋的南北是行廊的遗迹。行廊南北宽4.5米。过殿前行廊的南北两面和靠近过殿挟屋的行廊南面各设供人上下的踏步。

中院大殿地面有很多的槽心瓦、白瓷瓦、滴水、瓦当、板瓦、筒瓦等建筑残件，其中鸱吻、脊兽等屋面建筑装饰物残片较多。

过殿内出土的建筑饰件主要是屋面装饰的绿色琉璃脊兽残件，经过粘对修复，有四足兽、摩羯、鸽、宝瓶等。

挟屋和便房，除出土灰陶普通建筑材料残片外，还有较多的瓷碗、盘、盆残件；而瓷瓶、钵、豆等器物残件则大多出于大殿和过殿之中。

特别应该注意的是，在建筑遗址的中心大殿及过殿遗址内，发现了数量极多的泥塑残块。泥塑有圆塑、浮塑，均经高温焙烧，其题材大多与佛教有关。

这些泥塑出土时都十分破碎。经辨认，有表面涂金的人物残肢手、足、耳垂、口、鼻及少量较完整的头像（图十九）。此外，还有泥塑莲座、衔珠兽头、花卉等。

图十九　泥塑残块

遗址地面为现代壕沟切割的剖面，显示下部地砖和上面堆积物之间，夹有厚厚的灰烬层。

对这处建筑遗址的性质，发掘者根据遗址中心大殿及过殿中出土的大量与佛教有关的泥塑残片，作出了是西夏王室家庙的判断。这个判断，应该说是大体正确的。但需要补充的是，这不是西夏皇帝生前经常来顶礼膜拜、焚香诵经的一般王室家庙，而是专为西夏皇陵修建、为葬于皇陵的历代西夏皇帝祈求冥福的皇陵禅院。

专门为皇帝陵园修建禅院的制度，可能较早，而北宋为其滥觞。据记载，北宋皇陵共有四处专门为皇陵修建，为他们“荐福之所”的禅院。有主要为永安陵、永昌陵、永熙陵“荐福”的永昌禅院；为永定陵、永昭陵、永厚陵“荐福”的昭孝禅院；为永裕陵、永泰陵“荐福”的宁神禅院。宁神禅院东南距永裕陵约1300米，禅院南北长160米，东西宽150米。1995年河南省文物考古研究所曾对永定禅院的禅房基址进行了发掘，出土有条砖、方砖、板瓦、“官”字印模板瓦，筒瓦、兽面瓦当、滴水、迦陵频迦头像、兽头、脊兽等建筑材料和生活实用瓷器盘、碟、碗、罐、瓶、盏、炉等。并有唐开元通宝和宋代货币。与西夏皇陵的这处建筑遗址相比，无论位置选择、布局、体量及出土的文物，几乎都如出一辙。因此可将这处建筑遗址的功能定性为专为西夏皇陵祈求冥福而修建的禅院，而不是一般意义上的“西夏王室祖庙”。北宋皇陵禅院始建于皇陵营建后不久；西夏禅院的始建时间也不能像有的人所认为的以寿陵的营建为上限，“属西夏晚期建筑”，而可能早至营建李元昊泰陵时或更早。因为这个禅院是西夏皇陵的唯一禅院，不是单一为李仁孝寿陵所修。西夏禅院的被毁，从大量的灰烬说明，是直接毁于大火，其时间和原因和西夏皇陵的全部被毁处于同一时间和出于同一原因。

党项在建立西夏以前，较长的时间里信奉自然崇拜，“三年一聚会，杀牛羊以祭天”。唐代迁徙定居陕西北部的夏州、银州、绥州、宥州和甘肃的庆州以后，则信仰多种鬼神，这种习俗，直至西夏建国后的很长时间内，都有很大的影响。西夏建国前，佛教在党项族中广泛传播，李元昊本人就谙晓“浮屠法”，并效仿其父李德明，于1035年再次向宋朝“求赐”佛经。西夏建国以后，佛教在西夏境内得到了空前的弘扬。皇家亲自垂范，继1038年“下通掘地之泉，上构连云之塔”，以金棺、银椁、铁匣、石匮隆重安葬佛舍利、指骨、顶骨后，又于1055年在兴庆府修建承天寺塔和寺院，贮藏宋朝所赐大藏经，延请回鹘高僧诵经说法，皇太后没藏氏和李谅祚经常前去聆听，沐浴佛光。今宁夏境内尚存的青铜峡一百零八塔，贺兰县拜寺口内方塔、双塔、宏佛塔、中宁县鸣沙塔、同心县康济寺塔均是西夏时期的佛教寺院。不仅遗留有大量佛画、塑像，佛经印刷雕版，还有大量西夏文、汉文佛经，有的还用了活字印刷。这些佛经不仅译自汉文，更有的则直接从藏文中翻译。“近自畿甸，远及荒要，山林溪谷，村落坊聚，佛宗遗址，只椽片瓦，但仿佛有存者，无不必葺”。尽管自汉代起，中国历代多数封建王朝都崇尚佛教，但像西夏这样对佛教如此推崇、近似狂热，大概为其他王朝所不及。

佛法弘扬，却不能庇佑西夏以“永祚”。为死去的西夏皇帝专门修建的皇陵禅院，不仅不能为皇帝带来冥福，自己也最终成为了一片废墟。

第八章
陵园建材来何方

西夏皇陵的营建，不仅耗尽大量人力；那宏伟的建筑，还需要数以万计的砖、瓦、饰件。大量的建筑材料来自何方，也是西夏皇陵文物考古需要回答的一项重大问题。

经过调查发现，在西夏皇陵东侧约三公里一个名叫缸瓷井的地方，就是西夏皇陵营建所用大量砖、瓦、饰件主要的烧造场所之一。

缸瓷井西距西夏皇陵约三千米，近在咫尺，可以省去长途运输之费。地处贺兰山洪积扇和银川平原之间，土层深厚，土质良好，有用之不竭的砖、瓦原料。加之当地时有水泉，可供制作砖瓦土坯之用，贺兰山又有烧窑所需的木材，烧制砖、瓦、饰件所需条件皆备。

窑址在修建于俗称昊王渠的渠道东西两侧，南北延亘七八公里，南北两端，几与西夏皇陵范围相同。窑址的周围散布着大量的砖瓦残块和草木灰层堆积。究竟数量有多少，难以说清。

1976年夏，宁夏博物馆选择了其中的两座砖瓦窑和一座石灰窑进行了试掘。

两座烧造砖、瓦、建筑饰件的窑址结构完全相同，窑门的方向355°，修造在岗阜隆起的小丘之中。窑膛由前低后高的窑门、窑室、火膛、烟道等几部分构成，南北全长6.3米。

窑门是窑膛的出入通道，是一条南北向的坚坑斜坡直道，它的东、西两壁用条砖平砌，门上以纵向的条砖立砌，形成券门，只残存高约0.9米的三重券顶。窑门南北长2.5米，宽0.65米，高1.8米。门道两壁的外表由于长期焙烧附着一层坚硬的青灰色硫碴。

火膛设在窑门门道的下面，是燃烧火焰的地方。平面呈船底形，南北长2米，宽度与窑门门道等宽。火膛内填塞有灰渣、硫碴和残砖。

窑室是放置待烧砖瓦、陶瓷质建筑饰件的地方。平面呈马蹄形、前宽后狭。南北长2.15米，东西宽2.45米，面积约5.2平方米，窑壁残高2.35米。窑室周壁用条砖层层平砌，外表以1～2厘米的草拌泥和砖坯泥敷抹，以保证窑室的牢固和防止温度的散失。窑壁因长期焙烧而成坚硬的青灰色。窑室地面平整，也因高温焙烧而成坚硬的砖灰色。窑顶结构不明。

窑室的后部设有排烟的烟囱。窑室的后壁设方形烟囱，前低后高，与窑门相对。烟囱下部是烟室，东西宽0.63米，南北深入后壁0.70米，下部与窑室地面齐平。烟道是三个高约38厘米的孔道，后壁高1.63米处开一个高30厘米、宽38厘米的出烟孔道。窑室的烟雾可以进入烟室，通过烟道由出烟孔道排出窑外。

窑室内遗留的堆积，大致可以分成上下两层。上层厚30～70厘米，以砖和瓦片为主。与这座窑完全相同的另一座窑室中，上层还有兽面瓦当，白瓷板瓦，脊兽，槽心瓦，绿琉璃脊饰的残件。下层厚1.35米，是纵横立置分层叠压待烧的砖坯。砖坯有方砖和条砖两种。方砖坯边长42厘米，厚7～8厘米；条砖长42厘米，宽21厘米，厚8厘米；还有长31厘米、宽20厘米、厚7厘米的小条砖。

另外一座的窑址结构完全相同。窑室所遗留的砖、瓦、兽面瓦当、莲花纹滴水、白瓷板瓦、脊兽、槽心瓦和绿琉璃脊饰等残件和西夏皇陵所见的建筑材料完全相同，证明这些窑址是西夏时期的，而且西夏皇陵营建所需的建筑材料主要来自这里。

在发掘砖瓦窑址的同时，还发掘了另一座烧造石灰的窑址。这类窑址虽也以火门、火膛、窑室等部分构成，但均不用砖砌、建造简单，窑室面积也较狭小。窑室是平面马蹄形的土坑，深1.2～1.47米，宽1.95米；火膛在窑室前端的地下，似无窑顶结构，在装好待烧石料后临时封顶。窑室周壁、窑床等处，均约有3厘米厚的白灰粉层，是西夏皇陵营建时所需白灰的烧造地之一。

除缸瓷井外，灵武市的磁窑堡窑址和回民巷窑址大概也部分承担了为西夏皇陵烧造建筑饰件的责任。

磁窑堡窑址，西距西夏皇陵约115公里，西距西夏西平府（今灵武市西南）35公里，是我国西北地区除陕西耀州窑址外，目前经过发掘的规模最大的一处古代窑址。自1983年调查起，中国社会科学院考古研究所内蒙工作队马文宽等，于1984年至1986年连续三次对这处时代定为西夏中期历经西夏晚期、元代直至清代的窑址进行了大规模的发掘。

在磁窑堡遗址二期，即西夏中期的地层中，出土有兽面瓦当、花卉纹滴水、筒瓦、板瓦、白釉贴面瓦、槽心瓦、四足兽、摩羯脊饰等；在遗址三期，即西夏晚期地层中，也发现有兽面瓦当、滴水、板瓦等建筑材料。这些建筑材料形制、花纹等均与西夏皇陵的同类产品相同。灵武磁窑堡窑址主要是烧造供西夏上层使用的各种生活瓷器，建筑材料只是其中产品的很小部分。虽也可能用于西夏的宫室建筑，但也并非没有用于西夏皇陵营建的可能。

此外，在磁窑堡北约4公里的回民巷村，1997年宁夏文物考古研究所在对这处西夏瓷窑址进行发掘时，也发现有槽心瓦等建筑材料，和西夏皇陵所见的槽心瓦相同。除缸瓷井为西夏皇陵建筑材料的主要产地外，磁窑堡、回民巷等瓷窑，也可能为西夏皇陵的营建生产了部分瓷质建材。

除上述几处窑址外，在西夏皇陵北面约十余公里的贺兰山贺兰口皇城台和插旗口等地，也发现窑址和地面大量砖、瓦、琉璃瓦、脊兽、白釉贴面瓦等建筑材料，因未发掘，情况不很清楚，但窑址的存在及大量砖、瓦、脊饰的存在，说明是烧造建材的场所，也不能排除向西夏皇陵的营造提供大量建筑材料的可能。

第九章
西夏文化大观园

西夏皇陵虽然有巍峨的陵塔、绵亘的神墙，多如水泡的陪葬墓土冢，但建筑的全貌已荡然无存，众多的地上文物残损过甚，与其初建时的宏伟气势相比，明日黄花，凋零残落，存者百无一二。尽管如此，西夏皇陵的文物大至石刻、建筑材料，小至生活用品、娱乐小玩，无一不反映着西夏社会的方方面面，是一座文化内蕴极为丰富的文化大观园，足以令人迷醉。

西夏皇陵文物林林总总，蔚然大观。现就择其要者，略作介绍，从中领略西夏文化的多姿多彩。

首先映入我们眼帘的，是陵园内到处都有、俯拾皆是的砖瓦建筑材料和各种用于屋顶的装饰材料。

砖有方砖、条砖、楔形砖。方砖主要用于铺墁地面。有青灰色素面和各种模印花卉图案。素面方砖规格不一，厚薄不均，边长27～38厘米、厚5.6～10厘米，有的光洁面，反面按捺着一个手掌印纹，叩之铿铿有声，质地坚硬。

花卉方砖除了用于铺墁地面外，有的也用于装饰墙面。花卉方砖除见于各个皇陵和陪葬墓中的残块外，仅经发掘的3号陵地面建筑、北端禅院遗址等处，就出土完整莲花纹、菱格莲花纹、菱格龟背纹等图案各异的花卉方砖多种。3号陵花卉方砖，主要出于宫城的南门门址、献殿、碑亭等处。十六瓣莲花方砖，中心是十六瓣莲花，四周以枝蔓相连。边长33厘米，厚6厘米，以模印压而成。八瓣莲花方砖，中心一枝八瓣形莲花，四角饰叶纹，边长26厘米，厚5厘米。菱格莲花方砖，中心是十六瓣莲花，以菱格与四周和四角分隔，空格处饰以蝴蝶、花卉等图案，边长35厘米、厚5厘米。菱格龟背莲花纹方砖，中心框内是八瓣莲花，方框外四周是凸起的六边形龟背状图案，边长23.5厘米、厚5厘米。在5号皇陵还发现由砖面中心向四角伸展的牡丹纹方砖，枝叶繁茂，雍容华贵，边长30厘米，厚5.3厘米。7号仁孝陵还出土完整绿色琉璃牡丹纹方砖和龙纹方砖残件（图二十.照片34）。

莲花和牡丹，象征着洁雅和华贵，为历代封建统治者所喜爱。唐宋瓦当、石刻比比皆是。西夏灵武磁

照片34　绿琉璃牡丹花纹方砖（7号陵出土）

图二十　3号陵出土花纹方砖

窑堡窑址的扁壶、颈瓶、罐、壶、钵等瓷器，更以牡丹和莲花为主题花纹，足以证明西夏皇族同样喜爱莲花、牡丹，与唐、宋统治者有共同的心理喜好。

西夏皇陵大量的条砖和特型砖，主要用于墙壁的砌筑、墙基的围护和墙壁的特殊装饰。

条砖的形式也各种各样。素面青色条砖，长29～42厘米、高18～21厘米不等。背面有按捺的一个手指伸开手掌纹。戳记条砖，一面平素，另一面压印沟深的粗细绳纹，中心有长方形的戳印文字，如任、牛、李、黄、月、州、主、良、言等，可能是砖坯制作者的印记。加戳的印记条砖，北宋皇陵也比比皆是。此外还有侧面模压菱格纹、长方形条砖的忍冬花纹的特型砖和楔形砖（图二十一）。

除砖以外，各种瓦是西夏皇陵最多的一种建筑材料了。除承接屋顶雨水的一般板瓦、筒瓦外，还有用于檐端装饰的各类瓦当、滴水，质地除青灰色陶质的以外，还有绿琉璃瓦和白瓷板瓦、黑褐釉瓷槽心瓦。

板瓦是屋面承接排出雨水的主要构件，为西夏皇陵所最多见。瓦背略有隆起，规格不一，前狭后宽，瓦内遗留布纹，最长的约50厘米。另有一种白瓷小板瓦，可能用于墙面的贴面装饰。

滴水，又称勾滴，是用于屋檐处最前端板瓦一端的既可滴水又可装饰的瓦件，和板瓦相连。有曲边三角形、带形等形状。上面图案有兽面纹、莲花纹，还有绿色琉璃的（图二十二、二十三．照片35）。

筒瓦也是屋面承接雨水与板瓦配套使用的瓦件。因使用时其两侧盖于板瓦之上，背面呈圆筒状。规格不完全一致，长27～37厘米、半径13～17厘米不等。为了连接紧密，有的一端做成子母口，另一种用于屋檐最前端的则在其前端带有圆形瓦当。

瓦当是接在筒瓦一端，覆盖于木椽前面，既实用又有装饰效果的瓦件，是筒瓦的一种。

瓦当呈圆形，图案以神态各异的兽面为主，也有圆珠花卉纹（图二十四．照片36–37）；陶质者多见，也有少量施绿色琉璃的兽面瓦当（照片38）。直径12～17厘米大小不等，与唐代瓦当以莲花为主差别较大，与北宋皇陵以兽面瓦当常见则似乎相同。

瓦类除上述几种以外，还有前端施绿色琉璃的板瓦、条形瓦、酱色釉的瓷槽心瓦和白釉贴面瓦。形状不同、花纹各异；质地不同，颜色各异，构成屋顶斑驳陆离的效果。

若屋面的瓦件做工之巧让人惊诧的话，那屋顶的脊饰就更让人叹为观止了，既有气势万千的鸱吻、套兽，更有诡谲神奇的奇异怪物，使人仿佛置身于一派神奇怪异的天国之中。

端立于屋顶正脊两端的是气吞山河的鸱吻，又称鸱尾。大者如6号皇陵南门门址所出高1.52米、宽0.58米的绿色琉璃鸱吻；小者如同处出土的青灰色鸱吻（照片39）高0.91米、宽0.58米；3号皇陵门址出土的高1.15米、宽0.75米的鸱吻（图二十五），

图二十一　花纹条砖

图二十二　莲花纹滴水

图二十三　兽面纹滴水

照片 35 绿琉璃滴水（7号陵出土）

图二十四 瓦当

照片 36　兽面纹瓦当（3 号陵出土）

照片 37　兽面纹瓦当（3 号陵出土）

都是龙头张嘴、侧有鳞片、鱼尾上扬、吞噬屋脊的威武形象。鸱原本是一种凶猛的鸟，改成龙头身披鳞片，鱼尾上扬，除更为威武渲染气势外，还寓意龙鱼能激水、水能灭火，可永保宫殿不受火焚之意。据传说，汉武帝时“柏梁台”失火，有巫师说大海里有一种叫鸱的鱼能以尾激水降雨。立于正脊中间的宝瓶，曾出土

照片 38　绿琉璃兽面纹筒瓦当（7 号陵出土）

照片 39　鸱吻（6 号陵出土）

图二十五　陶鸱吻（3号陵出土）

于西夏皇陵北端禅院遗址，呈长圆瓶形，顶为圆球状，空心，下部内收，表面施绿釉，高0.42厘米、径0.15～0.25米，西夏3号皇陵也有残件出土。

用于屋面东南、西南、东北、西北四条垂脊和戗脊上的饰件有鸽、摩羯、四足兽、迦陵频迦、套兽等。除立鸽形象较为熟悉外，都是人们难以见到，却是神奇世界的宠物。

立鸽，有祥和之意，立于半圆形的筒瓦之上，用于垂脊或戗脊（图二十六.照片40）。

摩羯，3号西夏皇陵，北端禅院遗址出土有较完整的，此外在灵武市西夏窑址也有发现。摩羯，原出梵文Makara，是梵文的音译，“海中大鱼、吞啖一切诸水族类及船舶者是也”（慧琳《一切经音义》卷五十四）。西夏文《番汉合时掌中珠》字典中，也有摩羯两字。由于它威力无比，唐代的一些金银器中也常有摩羯图像的出现。可是用在此处，则有水中之王，能唤来倾盆大雨、推波助澜的一番寓意，推而广之，同样有庇佑大殿免受火焚之灾的意思。

图二十六　立鸽（禅院遗址出土）

照片 40　绿琉璃立鸽（禅院遗址出土）

3号皇陵出土的摩羯，外表施绿色琉璃，兽头鱼身，引颈翘首，头端作分叉犄角，遍体饰鳞纹，背有双羽，长42厘米，宽7.8厘米。禅院遗址出土的，也外表施绿釉，造型大致相同，长42厘米，宽15厘米（图二十七.照片41–43）。灵武市磁窑堡西夏窑址只出土有瓷摩羯残件。

四足兽，有的称海狮，在3号皇陵、禅院遗址和磁窑堡窑址均有出土。3号皇陵南门门址出土的，外表也施绿琉璃，头似狮首，昂首挺胸作怒吼状，四足腾空，腹下立一圆柄筒瓦，长40厘米，宽13厘米。禅院过殿出土的造型相似，外表也施绿釉，长42厘米、宽18厘米（图二十八.照片44–45）。磁窑堡西夏中期地层所出土的为素烧的残件。

垂脊或戗脊上另外一种叫迦陵频迦的饰件，更能引起我们的兴趣。3号皇陵门址、角阙、陵塔、献殿、鹊台等处都有它的踪迹出现，是建筑物饰件中使用较为广泛、数量较多的一种。其他皇陵地面建筑遗址因未经发掘或全面发掘，还难以说清。

这种脸似菩萨、身长双羽的怪物，和摩羯一样，名字也来自梵文，来自另一古老国家印度，只不过很早便中国化了。唐代金银器，如陕西法门寺塔地宫中出土的盛装佛骨宝函外表，就有迦陵频迦鸟的图形出现。北宋皇陵石刻中，也不乏迦陵频迦，是建筑饰件中不可或缺的饰物。

迦陵频迦，佛经上义为妙音鸟，是能鸣出如同佛陀美妙声音、能贴近佛陀身边的一种神鸟。

3号皇陵出土的迦陵频迦，有灰、红陶和绿琉璃三种，形体有大小之别（图二十九.照片46–48）。复原的灰陶质一件，通高45.4厘米。人头鸟身，踞坐于边长21.2×22.4厘米、高9.2厘米的方形卷云纹空心座上。头戴四角花冠，脸相丰腴，眼睑下垂，双手合十于胸前，腿分开踞座于器座两侧。上翘羽尾分别插入双肋及尾端原留有的条形榫孔内。另一件经修复的，通高47.2厘米，外表为绿色琉璃，面相如同菩萨，头戴五角花冠，发束高髻，眉际饰白毫，双目微闭，双手合十，项饰璎珞。双足踞坐于21×16.2厘米、高17.2厘米的空心器座之上。

立于垂脊之上的，还有套兽。3号皇陵的宫城门址、角阙、陵塔，6号皇陵的南门门址、陵塔都有出土，北端禅院和其他皇陵地面也有残件，是较多用的一种脊饰件。

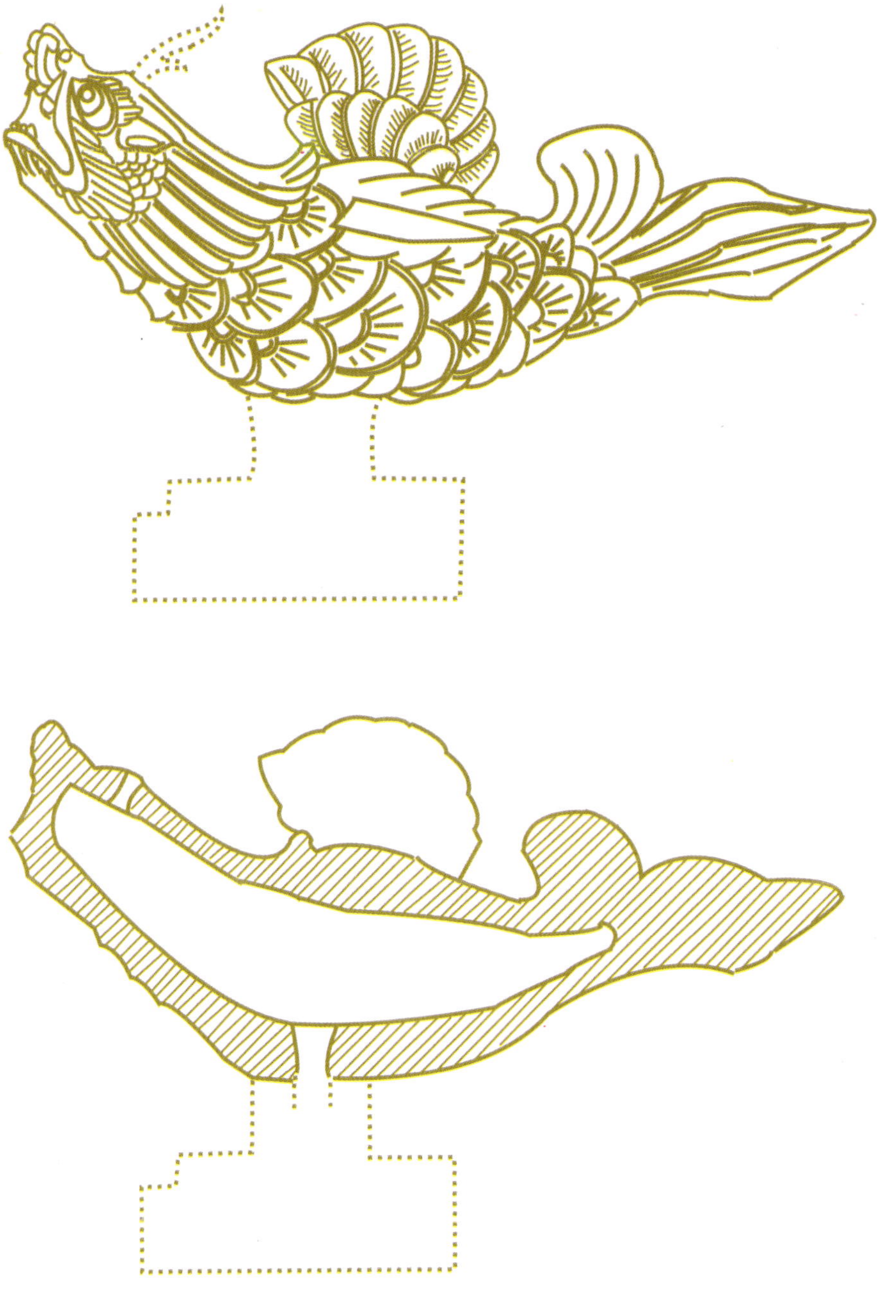

图二十七　摩羯（3号陵出土）

照片 41　摩羯（3 号陵出土）

照片 42　摩羯（3 号陵出土）

照片43　摩羯（禅院遗址出土）

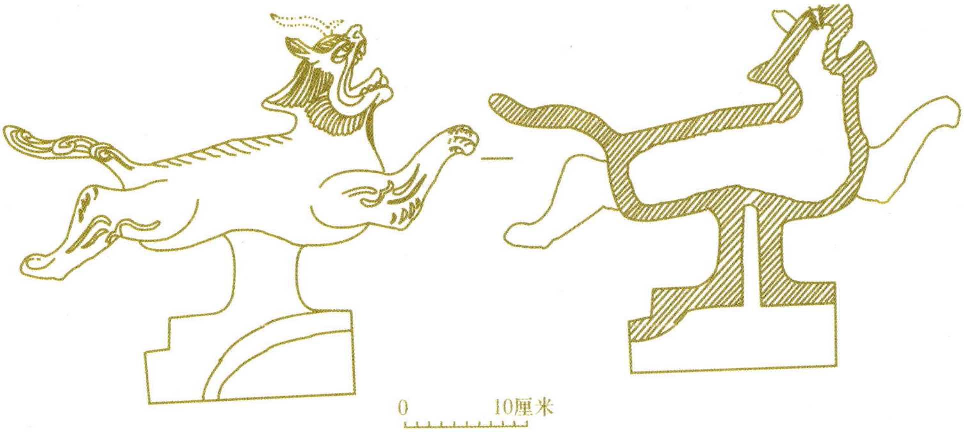

图二十八　海狮（3号陵出土）

照片 44　海狮（禅院遗址出土）

照片 45　海狮（禅院遗址出土）

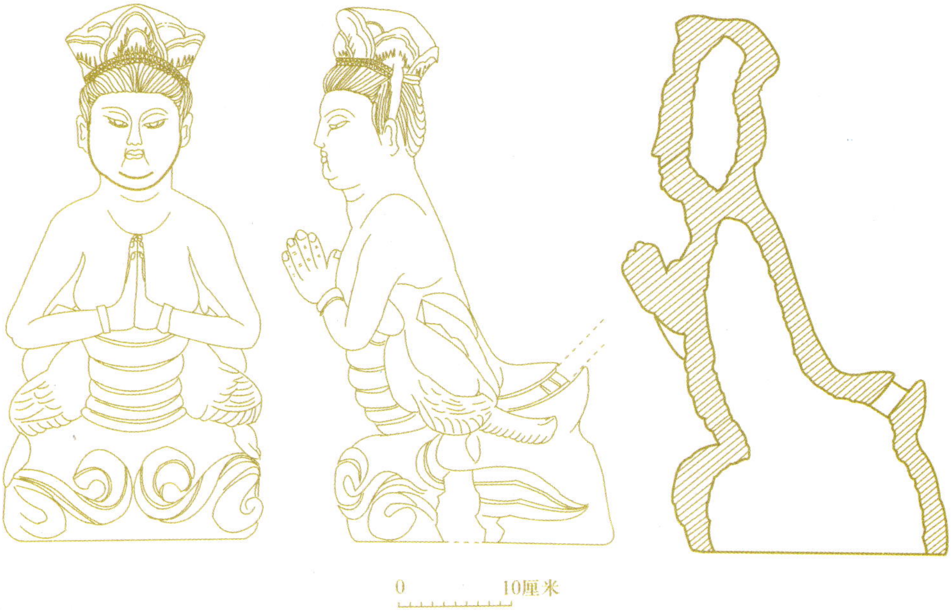

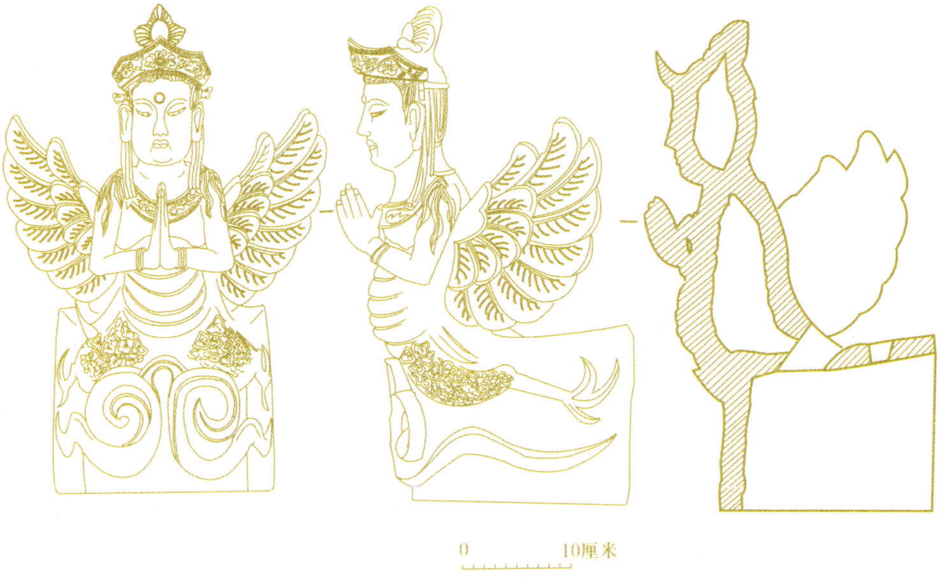

图二十九　迦陵频迦(3号陵出土)

照片 46　绿琉璃迦陵频迦（3 号陵出土）

照片 47　陶迦陵频迦（3号陵出土）

照片 48　陶迦陵频迦（3号陵出土）

这种套于垂脊最前端的套兽，形态大同小异，大小有别，也有陶、琉璃两种（图三十.照片49-52）。3号皇陵出土的绿釉套兽一件，作龙首，口大张，獠牙外露，卷舌状，上唇前突略向上翘起，下颚短而平伸。两侧饰鳞片，额部两侧怒目圆睁，额顶左右装长的弯角，长49厘米。6号陵也出有琉璃和青灰两种套兽，形体相似，长60厘米，高88厘米。

石雕柱础，在6号皇陵和禅院遗址均有出土，是承载木柱特意雕刻的石质建筑材料

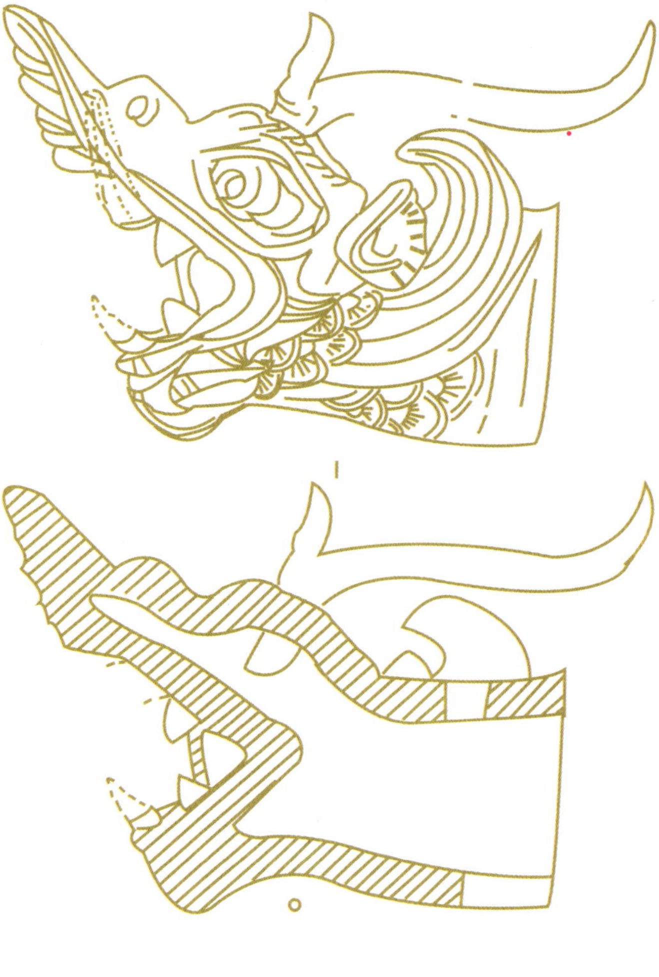

图三十　陶套兽（3号陵出土）

照片49　陶套兽（3号陵出土）

照片50　绿琉璃套兽（6号陵出土）

照片51　绿琉璃套兽（6号陵出土）

照片52　绿琉璃套兽（6号陵出土）

之一。6号陵出土两件，一件形似覆盆，上小下大，圆形，周边雕莲瓣纹，底径45.5厘米，面径31厘米，面上穿一圆孔以纳木柱，孔径宽13厘米。另一件下方上圆，下层边长77厘米，上层圆形，径67厘米，面上有一圆孔，孔径21厘米。禅院遗址出土的覆盆式莲瓣柱础，形状相似，只是残损而已。

除上述以外，3号皇陵及北端禅院还有琉璃或灰色陶质莲花纹器座（照片53-54）、各种花卉泥塑残块。这些大概已不属建筑饰件。

以上举诸大端介绍了西夏皇陵和禅院的陶、瓷类建筑材料，而与建筑材料相辉映的石刻，除少量幸存的碑座、望柱、经幢、螭首外，大多残损。但通过残损的石雕文臣武士、龙鳞狮爪、石碑残片等，仍恍惚看见西夏皇陵昔日的雄伟身影。

西夏皇陵远没有唐宋皇陵前石刻大多完好无损的幸运，但幸存下来较完整的碑座、经幢等，却也多为唐宋皇陵所没有；西夏皇陵也可以独领风骚千百年了。

西夏皇陵一反唐宋皇陵碑座的传统做法，大胆创新，采用力士负碑的新形式，给人以耳目一新的感觉，深感其构思之巧妙。

西夏皇陵仅3号皇陵东西碑亭，6号皇陵东碑亭、8号皇陵西碑亭经过发掘，共出土石雕碑座八个。形象大致相同，用红和灰白砂岩雕刻。碑座略为方形。正面雕跪踞姿态、形体壮实的力士，双手上托或下扶腿膝，双足置于碑座正面两侧。力士双目圆睁，龇牙外露，胸腹露袒，双乳肥硕（照片55-56）。有的顶面有榫眼或西夏文题刻，背面有汉文题刻，为营建陵墓的工匠的名字。高57～60厘米、宽61.5～65厘米，略有差别。

雕龙望柱，唐宋皇陵立于石刻群象的最前面。西夏皇陵出土较完整的龙柱三件，均出自6号皇陵地宫后部回填的杂土中，似陵园被毁时由地表推入，所以其原来位置似在月城。三件形状相同，为砂岩雕刻的四面抹棱柱状，三个棱面高浮雕出二龙戏珠（照片57）。翻腾于云海之中的蛟龙，矫健有力，气象万千。另一面平整，上下两端或一端有一长方形的榫眼，顶和柱身之间作莲瓣形束腰，其中两件顶部剩留狮子的利爪。一件残高1.23米，宽0.33米；另一件残高只剩1.15米，宽0.31米。

石经幢，也发现于6号皇陵地宫的回填土内。其原来位置，似在月城或献殿中。共四件，幢身一座，基座三个。幢身八棱状，八个棱面上分别刻有汉文“观世音菩萨摩诃

照片 53　器座（3 号陵出土）

照片 54　器座（禅院遗址出土）

照片 55　力士碑座（8 号陵出土）

照片 56　力士碑座（6 号陵出土）

萨”、“大势至菩萨摩诃萨”、“越三界菩萨摩诃萨”、“无边身菩萨摩诃萨”、“口上菩萨摩诃萨”、“药王菩萨摩诃萨”、“口口菩萨摩诃萨”、“口口菩萨摩诃萨”的诵语。幢身每面宽16厘米、高34厘米。幢身上下端是圆形的凸榫，径15厘米、长7厘米，用于插入经幢底座和上承幢盖。幢座三件，只有一个完好，高22厘米，分上、下两层，下层八角形，在一边雕伸出的龟头，上层圆形，周边饰莲瓣纹。座面中心有圆孔，孔径17厘米，以接幢身插入。另两件幢座残损。石经幢不见于唐宋皇陵，是西夏帝陵所特有的石刻品类，大概是西夏皇帝更痴迷于佛国的一个反映。

照片57　雕龙望柱（6号陵）

石雕人像在3号皇陵、6号皇陵均有出土，其他如1号皇陵等陵园，也有残损太甚的残片发现。

6号皇陵出土石人头两件、身躯两件、手掌一件。除手掌外，均于地宫回填杂土中发现。一件面相方长，略含笑意，头戴硬冠，颈后残损（照片58），残高41厘米、宽21.5厘米；另一件头戴僧帽，面部残损。3号皇陵也于月城内出土头戴宝珠火焰纹冠的残损石人头一件。石人身躯在6号、3号皇陵均有出土。6号皇陵出土残存上体两件，也均于地宫回填杂土中发现。

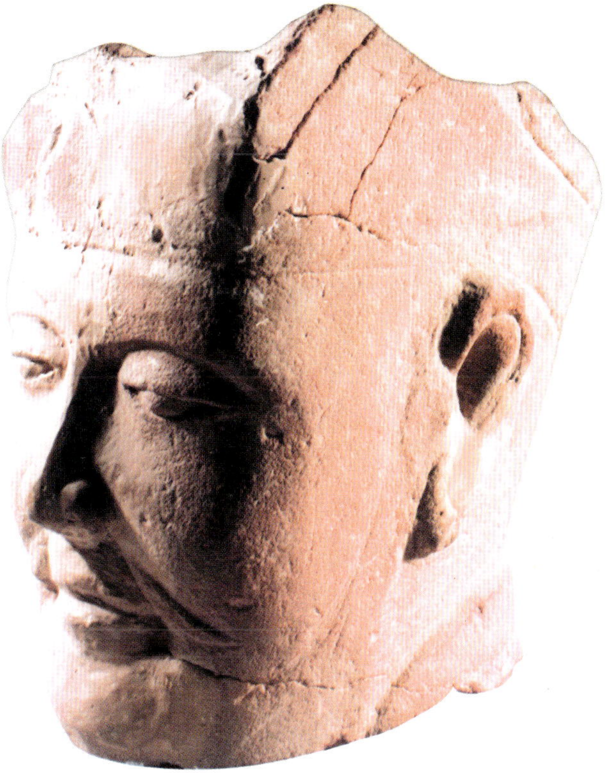

照片58　石人头像（6号陵出土）

均穿袍束带，残高68～70厘米，体宽各为60厘米、85厘米。曾将此与同处所出人头接对，不是同一个体。3号皇陵于月城内也发现残存石人上体一件，为胸前拱手状。这些石雕人像，均有人为砸凿的明显痕迹，其原来陈放位置，当在月城东西两侧的基台上，是西夏皇陵月城内石像生的孑遗。石人手掌只见于6号皇陵，作握拳状，残留27厘米。

石螭头，是石雕栏、柱上的一种饰件；有的内空，也可用于台阶的转角处，承接地面雨水从口中排出。

螭首石雕，除在6号皇陵出土两件外，在寿陵和禅院遗址也有发现。6号皇陵出土的一件，长62厘米，宽22厘米。前端是上唇卷曲向上下腭平伸、口含宝珠、颈有鬃毛的螭头（照片59）；后端是楔状的榫头，可以纳入另外的石刻榫眼。另一件形状相似，仅残长34.5厘米。寿陵地面发现两件，形状相同，其中一件形体特小。

唐、宋时期认为祥瑞之物的狮子，是唐宋皇陵神道两侧不可缺少的陈设。西夏皇陵除在禅院过殿遗址出土一件基本完整的蹲狮以外，几乎在所有皇陵都有鳞、利爪、鬃毛花纹石雕残片发现。从形象上看，有似雄狮、羽兽、蛟龙之属；只是由于过于破碎，已难以具体描述了。一代文物，毁坏如此，可惜可叹！

照片59 石螭首（6号陵出土）

西夏皇陵最大宗的，是破损程度不一的西夏文、汉文碑石残片。除地面零星拾捡的和8号皇陵碑亭出土的未计以外，仅3号、5号、6号、7号四座皇陵和陪葬墓M177（原编号101）、M182（原编号108），就从碑亭出土汉文残碑1144片、西夏文残碑2547片。数量之多，足以令人兴叹！

西夏建国以前，党项族没有自己的文字。1036年李元昊称帝之前，令野利仁荣仿照汉字的结构形体“六书”、创制了“形体方整、类八分”，而书颇重复、“与汉字”“论末则殊，考本则同”的西夏文字，并在1038年立国称帝后强制推广应用。对外文书，以西夏文为主，副以汉字或其他民族文字。

留传下来的西夏字有六千多个。大多是楷书，还有篆书、行书、草书和变体。西夏文是以模仿汉字创制的，也有部首、偏旁，是一种典型的方块字。行文书写和汉字一样，从上到下或从右到左。字的结构多采用二合、三合、四合、五合等结构，形体比汉字繁复。西夏字的构造主要采用汉字的会意方式，常用合汉文二字或三字之义来造字。西夏的语法和汉文语法不同，从而造句也和汉文不同。西夏文字除西夏时期使用外，到元、明时还在一定范围内使用，明代末年以后才逐渐变成死文字而为人所不识。

唐代帝陵立碑，北宋皇陵地面似无立碑之制。西夏皇陵和中型陪葬墓均有碑亭，风行立碑之制，可能模仿唐陵。

西夏皇陵虽然出土西夏文、汉文残碑3600余块，但都极为残碎。一个残片上，多为一二字或三五字，十字以上者极其稀少（照片60–62），碑片难以缀合，文字不能连贯，内容也就难以了解。即使如此，片言只语，仍可部分反映西夏官制、地名、人名、事件、民族关系等一些史实。在封建史学家将西夏列为“外国”，只有“外纪”，从而西夏历史难窥全貌的情况下，也是很珍贵的文物。

西夏7号陵出土的西夏文篆书残件，经过缀合，获知为石碑碑额，其文字确定为寿陵志文，从而确定7号陵为李仁孝陵。西夏文、汉文残碑中出现的诸如“永平皇帝”、“太后罗氏”、“夜利仁荣”、“吐蕃”、“契丹”、“鞑靼”、“驸马都尉”、“中书令”、“仆射”、“都大勾当”、“大白上国”、“贺兰山”、“宥州”、“甲午五年”、“大庆辛酉二年”等等，都可以印证或补充有关史籍的记载。陪葬墓M182碑亭所出的汉、西夏文残碑，是迄今为止最完整的碑文了。西夏文碑残片最大的两块，经缀合，共有381字；汉文碑最大的有96字，内有“梁国正献王嵬名安惠”、“凤角城皇帝”、“皇太后梁氏”、“梁乞逋”、“成安公主”、“匈奴”、“太师”、“朝仪大夫”、“灵州”、“怀德军”、“癸巳十五年”等等官职、人名、族名、地名、纪年的记载，也可以印证或补充有关西夏史实的历史记载。

陵园内还发现不少日常生活用品的文物，举其大端，有铜器、铁器、各色瓷器，甚或

照片 60　西夏文残碑（7 号陵出土）

照片 61　西夏文残碑（6 号陵出土）

照片62 西夏文残碑（6号陵出土）

棋子之类的娱乐物品，林林总总，也让人目不暇接。

西夏境内缺铜，北宋、辽及金都严禁向西夏输出。尽管如此，在3号皇陵地面、6号皇陵和5号皇陵碑亭中都发现诸如铜铃、带扣、节约、兽面饰、甲片、泡饰等铜制品（照片63）。3号皇陵地面出土铜铃，上小下大呈四棱筒形，高20厘米。带扣呈长方形，表面用金丝镶错忍冬花纹，长6厘米，宽4.8厘米。兽面饰为圆形，有圆目獠牙的花纹，形象怪异，此外还有铜镜等。早在1987年发掘的3号陵东碑亭遗址上，也发现甲片、铜铃、泡饰、带扣、铜镜、货币等多种铜器。甲片作柳叶状，一端弧圆，另一端平直。两端、中部各有六、五、一个圆孔。外表有的涂金，长9.9厘米，宽2.1厘米，和6号皇陵地宫出土的一种大小完全一致。铜铃有方形、圆形两种，上小下大，高4.6～7厘米不等。带扣有的呈菱形，有的呈马蹄形。铜镜均为残件，背面饰云龙纹、双鱼纹或弦纹。此外还有帽钉，泡钉、桥纽饰件。6号皇陵地面，也有圆状泡饰的发现。

钱币在西夏皇陵中数量最多，无论皇陵或陪葬墓都有出土。

西夏虽从李元昊起，就有铸钱的实例，但西夏一代，自己所铸钱币数量稀少，流通主要还是仰赖北宋的钱币。

北宋、西夏之间虽然战争频仍，但双方的贸易和北宋向西夏的"岁赐"却仍然不断；北宋皇帝"赐给"西夏大量财物，史不乏记。1006年十月，宋真宗一次就赐李德明"袭衣、金带、金鞍勒马、银万两、绢万匹、钱二万贯、茶二万斤"。北宋的"册封使"进入西夏境内所带给西夏"金钱币帛，相属于道。边人父老，观者太息"。金钱绢缎之多，连西夏境内的老百姓看了都口噤目呆。

既然钱币来得如此之多，西夏自然主要仰仗北宋，"如婴儿之望乳"。

1980年9月，宁夏博物馆牛达生等清理了贺兰山大风沟、榆树台发现的两处西夏窖藏货币，共14014枚。除少量唐代以前货币外，共有宋代自宋太祖"宋元通宝"至南宋高宗"绍兴通宝"钱12047枚，占全部货币总量的86%。西夏钱有汉文、西夏文两种，共144枚。西夏文钱有惠宗的"大安宝钱"、仁宗的"乾祐宝钱"、桓宗的"天庆宝钱"；汉文钱有仁宗的"天盛元宝"、"乾祐元宝"、桓宗的"天庆元宝"、襄宗的"皇建元宝"、神宗的"光定元宝"。灵武窑址西夏地层共出土钱币523枚，除唐代和唐代以前的64枚外，宋代钱币便有449枚，西夏钱币只有汉文"天盛元宝"一种共4枚，占全部出土钱币的0.7%左右，同样可以说明西夏所铸钱币稀少，国内流动主要依靠宋朝的情况。西夏钱币虽然所铸稀少，但轮廓规整、厚薄均匀，

照片63　铜铃（3号陵出土）

字体清晰端庄秀丽，铸造工艺精良，达到了较高的水平。

西夏皇陵3号碑亭遗址、5号陵、6号陵、禅院遗址、已发掘的M182陪葬墓均有钱币的发现。3号皇陵东碑亭出土钱币40余枚，除3枚唐代及唐代之前货币外，全为北宋时期货币。6号皇陵除在扰土中发现汉文西夏钱“光定元宝”一枚外，其余也多为宋代货币和唐代以前货币。禅院遗址也出有宋代钱币数枚。M182陪葬墓出土钱币，除唐代所铸“开元通宝”外，也全是宋代钱币。这都反映出西夏除铸有少量西夏文、汉文钱币外，其境内使用流通的绝大多数是宋朝钱币；但西夏钱无论是以西夏文或汉文所铸，都制作工艺精良，可以和宋朝货币相比美，足见其铸造工艺之不俗。

铁器易腐蚀，不易保存。北宋为了防止西夏军事力量强大，也严禁将刀、剑、箭镞等输入西夏。在封锁之下的西夏冶铁业却也有骄人的成就。西夏不仅利用境内有较多的铁矿资源设立“冶铁务”主管开采，而且冶炼工艺精良，西夏铸造的甲胄，据记载，光亮坚硬，强弩也难以穿透。

西夏皇陵出土铁器有剑、盔形器、铁钎、铁矛、铁钉等。3号皇陵东碑亭遗址出土铁钉二百余枚，最长的8厘米以上，还有铁板，不知名三角器等。6号陵地宫也有剑、盔、带环铁钉的出土。陪葬墓M177、M182，也有铁狗、铁釜、铁矛和铁钉等铁具的发现。

陶、瓷易碎，西夏皇陵及陪葬墓、禅院遗址都有大量各色破碎瓷片的遗留，但完整器形的极少，3号皇陵东碑亭遗址瓷器残片三百余件，可辨认的主要是碗和瓶，器表施釉有白、青、酱、棕、铁锈等色，还有器表是酱釉剔刻花。禅院遗址出土瓷器残片甚多。半数以上外施白釉。能修复成完整的，有白瓷瓶、白瓷钵、白瓷豆、白瓷盘、白瓷碗、白瓷盆等。

白瓷瓶主要出土于禅院中心大殿，形式多样，有大小口、长短颈和粗细颈之分，但器内外均施纯白色厚而透明的釉。高15.2～24厘米不等，口径4.1～12厘米，大小悬殊（照片64–66）。

白瓷钵（照片67）也主要出土于禅院中心大殿和过殿。内外均施白釉，胎壁较厚，有直口和小盘口之分，均喇叭形高圈足，高14～14.6厘米，口径15～15.4厘米。

照片 64 白瓷瓶（禅院遗址出土）

照片 65 白瓷瓶（禅院遗址出土）

照片 66 白瓷瓶（禅院遗址出土）

照片67 白瓷钵（禅院遗址）

白瓷豆出土地点同上，均敞口，喇叭形高圈足，釉色晶莹光亮，口径14～14.4厘米，高8～9.4厘米。

白瓷深腹盘，有直口和敞口之别，深腹矮圈足，薄釉而泛黄，高3.6～4.7厘米，口径15.8～16.5厘米不等。

白瓷碗主要出于禅院厢房等地，数量极多，可复原的有高足碗，宽底碗，鼓腹碗，敞口碗等多种类型。高足碗敞口外撇，直筒式高圈足，口径7.5厘米，高15.5厘米。宽底碗，敞口，腹壁斜直，矮圈足，底宽，高7厘米，口径19厘米。白瓷鼓腹碗，直口，腹圆鼓，圈足外壁下部及足不施釉，高7.6厘米，口径19.5厘米。白瓷敞口碗有大、中、小之分，口径11～19.8厘米，高4.2～10.3厘米。

白瓷盆，口外撇，腹部斜直，平底，器内施白釉，外壁上部施浅黄色釉，下部露胎，其中1件内壁上部釉上刻水波纹，下部刻三条互相追逐的鱼纹，口径72.5厘米，高23.5厘米（图三十一）。

除白瓷外，西夏皇陵还出土青釉瓷片甚多，能复原的有盘和碗，大多出于禅院遗址。

青釉瓷盘有浮鹅戏水盘、六出菊花盘、牡丹纹盘、葵纹盘、折枝花卉盘（图三十二）。釉色青灰或青绿，晶莹光亮；花纹清新流畅，雍容华贵。浮鹅戏水盘，敞口，圆弧形腹，圈足，盘口略作葵花瓣，通体施青灰釉，内壁刻水波纹，盘底刻鹅，戏于荡漾水波之中，口径17厘米，高4.5厘米。六出菊花纹盘，敞口，腹圆弧形，通体施光亮青绿色釉，内壁六出，分为六格，每格刻菊花纹，底部刻一枝生机盎然的菊花，口径16.8厘米，高4.4厘米。牡丹纹盘，敞口，斜腹，圈足，施晶莹透明青灰色釉，盘内模印三枝雍容华贵牡丹花纹，口径16.4厘米，高4.2厘米。葵纹盘，直口，腹平斜，圈足，施晶莹青绿色釉，盘内刻两枝相对葵花，口径18.2厘米，高4厘米。折技花卉纹盘，

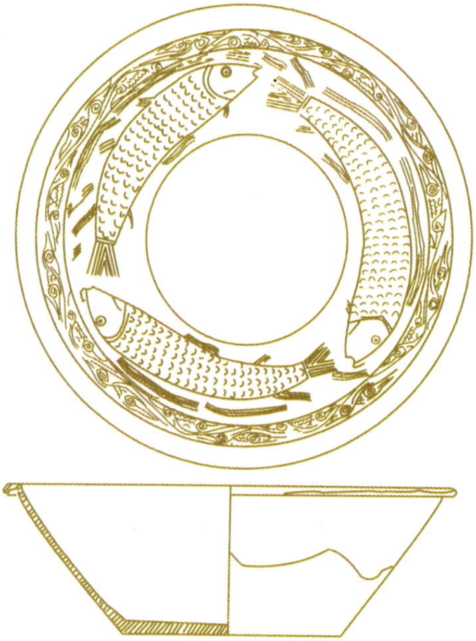

图三十一　白瓷瓶（禅院遗址出土）

敞口，腹略鼓，圈足，施姜绿色釉，盘内一枝花卉为另六枝花卉环绕，口径19.6厘米，高5厘米。

青色釉碗有饰牡丹纹和葵花纹两种。牡丹纹碗，敞口，深腹，小圈足，施姜黄色釉，模印缠枝牡丹花纹，高8厘米，口径19.4厘米。葵花纹碗，直口，圆弧形斜腹，矮圈足，碗内刻同一茎二枝葵花，高7厘米，口径18厘米（图三十三）。

此外，禅院遗址还有青白瓷水波纹碗和灰瓷小碗、酱釉小钵等。

西夏皇陵所出白瓷瓶和灵武窑花口瓶，除口沿外形状相似；白瓷碗、高足碗和盘也见于灵武窑。瓷器模印或刻画的鹅戏水纹，鱼纹，牡丹菊花纹等也为灵武窑瓷器所常见。由此推测，西夏皇陵的白瓷制品其主要来源当是灵武窑的产品，灵武窑西夏中期瓷器釉色除褐釉、白釉为主外，青釉产品也占21.18%。西夏皇陵所出青釉瓷器中，当也不少来自灵武窑。而灵武窑则明显受到山西、河北磁州窑和陕西金代耀州窑的较大影响。

西夏所需瓷器，除本境烧造外，也有直接来自北宋通过贸易向西夏输出的产品。

若以上都是荦荦大者，那如围棋子、象棋子之类的娱乐用品，竟也是西夏皇陵不可缺少的物品。3号皇陵东碑亭遗址除出土方形陶质棋子外，还发现刻有陶质“士”字象棋子一枚，直径2.7厘米，表面涂成红色。6号皇陵在碑亭和地宫中都出土有黑色和深蓝色的石质围棋子，一面平，一面略鼓，直径1.1厘米。无独有偶，属西夏中期的灵武磁窑堡窑址中除石质围棋子外，更有瓷围棋子249枚，其中印花围棋子7枚。此外还有刻“抱”（炮）、“火”象棋子两枚，直径2厘米。

据马文宽先生考证，瓷质围棋子始于隋代，辽代也有印花瓷围棋子的发现，各人均

浮鹅戏水盘

牡丹纹盘

六出菊花盘

葵纹盘

图三十二 青釉瓷盘（禅院遗址出土）

有车、马、炮、士、火等十八子的三人象棋，在北宋时已经定型，出土棋子证明除围棋外，三人象棋也在西夏流行。这种中国象棋变种的三人象棋如何运行，至今还是中国象棋史上待解之谜。

西夏皇陵不仅仅是陵墓，从建筑到布局，从地面到地下，遗留的一切都反映了西夏社会的方方面面，是汇聚了西夏一代历史的文化大观园，是目前发现的西夏文化最大、最丰富的载体。

折枝花卉纹盘

葵花纹碗

牡丹纹碗

图三十三　青釉碗盘（禅院遗址出土）

第十章
西夏皇陵面面观

悠悠八百年，短暂三十载。三十多年来，经过宁夏文物考古工作者两代人的艰苦努力，使西夏文化重要载体、默默地在贺兰山下屹立了近八百年的西夏皇陵，逐渐为世人所知晓，名播世界。

西夏皇陵是植根于深厚中华民族古老文化土壤的一枝奇葩，西夏各族人民所创造的文化是源于中华古老大地，吸取历代文明结成的一个丰硕成果。正确定位西夏文化在中华民族古老文化中的地位，不仅对全面理解西夏皇陵在中国陵寝史中的地位，而且对客观进行西夏史的全面研究，都有极其重要的意义。

还是从西夏皇陵说起。

通过上面对西夏皇陵的全面考察，不难看出，西夏皇陵完全承袭了中国悠久封建文化内容之一的历代陵寝制度。从陵园地理形制的选择到陵园的具体布局；从陵园建筑材料的形制到随葬物品的具体选择；西夏皇陵无不和我国历代王陵，特别是唐宋皇陵制度，一脉相承。

唐代皇帝十八陵，分布在以长安为中心，东西140公里，总面积3000平方公里的高原上。因所在地势的具体不同，除少数因山为陵，多数仍是堆土成陵，总体设计坐北朝南。巩县北宋皇陵因所在地势北靠嵩山北麓，南临洛水，地势相对狭窄，八帝七陵只能安排在南北12公里，东西13公里，面积156平方公里，相对集中的较小范围内。依山面水、北高南低、方向也一律坐北朝南。西夏皇陵陵地的选择，较多地参照了北宋皇陵，但由于所在地贺兰山的南北走向，只得西面傍山而南面临较远处的黄河。即使如此，仍然坐北朝南和唐、北宋皇陵一致。

北宋陵区每座陵园的安排遵循着由南到北再由东向西的原则。西夏皇陵由于多数陵主仍尚不能确定，倘若目前认为1、2号皇陵是李继迁的裕陵、李德明的嘉陵，3号皇陵是立国皇帝李元昊泰陵的推测能够成立；那么，加之北面已确定的7号李仁孝寿陵，则西夏皇陵和北宋皇陵一样，也采用了由南到北的陵园安排原则。

在总体设计方面，唐和北宋皇陵都有专事陵园日常管理的陵邑设置。唐陵情况不明，而北宋皇陵还有在陵园范围内专为皇陵祈求冥福的禅院。目前虽然没有资料可以证明，西夏皇陵也和北宋皇陵一样，有专司陵园管理的陵邑，但其东侧中部发现的不明用途建筑遗址，根据地面遗留文物，应该是与陵园有关的“一处常年居住的实用性建筑”，更不排除其是日常管理陵园的人居住的场地，其建筑规模和范围虽不能与唐陵、北宋皇陵陵邑相比，但其性质和功能与唐、北宋皇陵相比，也应该是相同的。西夏皇陵北面的建筑遗址，根据出土的大量日常生活瓷器和大量与佛教有关的泥塑等判断，无疑是一处禅院，是为西夏皇陵所葬西夏历代皇帝祈求冥福的专用禅院，与北宋皇陵禅院的功用和性质完全相同。

无论因山为陵或堆土成陵的唐陵和北宋皇陵，陵前都有较长的神道。神道前有东西相对的阙台，神道两侧分别列置华表、狮子、神兽、瑞禽、马、控马人、文臣、武士、客使等。北宋皇陵不知什么原因、未见碑亭之设，但唐代皇陵列有东西碑亭。西夏皇陵和唐、北宋皇陵一样，陵的最前端有东西相对的阙台，只是神道大为缩短，将唐、宋皇陵神道两侧的华表、石像生改为在月城神道两侧分排陈设，从而使陵园的兆域范围大为缩小，布局更为紧凑。唐宋陵园宫城的四隅设有角楼，四周以神墙环绕，四面开门、南门内设祭奠陵墓的献殿。这种布局和西夏皇陵完全相同。所不同的是西夏皇陵的地宫偏中轴线的西侧，陵塔也不起地宫上面封土的作用。

在具体到每个陵园内部的地面建筑布局和形式上，也可以明显地看到西夏皇陵和北宋皇陵的相似。

西夏皇陵没有唐、北宋皇陵那样幸运，地面建筑只剩下遗址，而唐和北宋皇陵神道两侧陈放的石像生却大多数得以保存。他们的种类和数量都还可以辨明。西夏皇陵石刻的品种 和数量却只能根据残存的残片和月城内陈放石像生基址的面积进行大致的估定。除4、7、8三座皇陵月城或者被毁、或者仍须进一步查清外，1、2、3、5、6五座皇陵月城内神道两侧都各有二三排陈放石像生的长方形基址。以经过发掘的3号陵为例，每个基址的南北长度为41.5米，一侧三个基址的总长度则为124.5米。若一个石像生所占长度为5米，一侧也可陈放石像生25个，其数量虽然比唐代帝陵略少，但和北宋皇陵数量接近。宋仁宗永昭陵，神道一侧有望柱一、象及驯象人一，瑞禽一、角瑞一、马及控马四、虎二、羊二、客使三、文官二、宫人二、上马石一，一侧也只共计二十余件。西夏皇陵石像生的品类已难以说清，从现存和石刻残片看，也有望柱、角瑞（狮）、虎、文吏或宫人之属当无任何疑问。甚至望柱上的龙纹作成三个利爪都完全相似。

北宋皇陵的地面建筑遗址也和西夏皇陵一样，大多未经发掘，但就地面调查所得，建筑材料也和西夏皇陵相似。有条砖、戳印文字长砖，素面方砖，花纹方砖，兽面或花卉纹瓦当、滴水、套兽、迦陵频迦和摩羯脊饰等。由此可以推定，西夏皇陵也和北宋皇陵地面建筑一样，其基本式样仍是亭、楼、殿、过梁式门楼等传统建筑形式。

北宋皇陵和附葬皇后陵的地宫大多未经发掘，但从调查材料可知，一个皇陵和一个皇后陵的地宫都是单室，用砖砌成，和唐代陪葬墓都有较多的天井、过洞、便房和前后室有较大的差别。从已发掘的西夏6号陵和两座陪葬墓看，地宫和墓室也均为单室，只是6号陵地宫两侧有两个小侧室或称便房，其构造也与北宋皇陵地宫相仿。

无论是陵园的总体设计构思、平面布局，还是地面各个建筑群组的形式、建筑材料的使用、石像生的种属抑或地宫、墓室的营造规模，西夏皇陵和北宋皇陵都非常相似，从而说西夏皇陵“仿巩县宋陵而作”是完全正确的。当然，西夏皇族和北宋皇族毕竟不是同一民族，北宋控制中原，而西夏偏居西北一隅，民族和地域不同，民族传统有异，“仿制”就不可能一丝不差地完全照搬。

诚然，由于西夏皇族的民族传统，表现在陵园建造上也确实存在着与北宋皇陵的一些差别，其中最明显的是地宫不在陵园的中轴线上，地宫上也没有状如覆斗的陵台。代替陵台的是位于地宫之后的形似佛塔的陵塔。党项族在信仰佛教以前，很长时间流行鬼神崇拜。深知党项习俗并与党项有过接触的沈括，在《梦溪笔谈》卷十八中说：“西戎之俗，所居正寝常留中一间，以奉鬼神，不敢居之，谓之神明，主人乃坐其旁。”党项生前尚不敢居正寝，视中室为鬼神所居，死后想必也是如此，所居地宫也得位于中间鬼神之旁，是相信鬼神的一种反映。陵塔之制，当与西夏尤崇佛教有关。陵塔收分处残留的大量瓦砾木椽说明，这是一座实心土夯、有外檐的宝塔，建造陵塔在地宫之后，既想成佛但又未能成佛，岂敢与佛骨等同埋于浮屠之下？这虽是无奈，在皇权和国运都系于佛法庇佑之下，也是不敢逾越。至于地宫上不堆土成陵台，当与党项族远古葬俗有关。远在五代，就有党项寻葬其祖于红石峡、障水别流，后人不知其处的不起土冢民族习俗。这种孑遗，即使立国称帝，今非昔比，大概也不能完全抛弃。

无论是地面调查或3号西夏皇陵地面遗址的全面发掘，呈现于我们最多的是砖、瓦、建筑饰件。据3号皇陵地面遗址统计，其数量占所出遗物的99%。从某种程度上说，这占出土遗物99%的各种陵园建筑材料，是我们认识西夏皇陵的特点及其所反映的西夏文化最直观、最可靠和最真实的资料。我们就以此为出发点，去认识西夏皇陵的方方面面。

九百多年前，北宋有个叫喻皓的著名工匠，他曾写过一部论及当时中国土木建筑的《木经》。他把木结构的建筑物立面分成“下分”、“中分”和“上分”三大部分。所谓“下分”，是指台基部分；“中分”是指梁、柱部分；“上分”当然是指屋顶部分。西夏陵园建筑，目前能进行考察的只有“下分”台基部分和“上分”屋顶部分，“中分”梁、柱部分早已焚毁不存，若要进行考察，无异于缘木求鱼。

西夏皇陵无论是鹊台、碑亭、陵门、献殿或陵塔，都有“下分”基台。由于这些单体建筑的不同功能，有的呈方形，有的圆形，有的长方形，有的呈凸字形，但均以土沙夯筑而成，有的四周包砖或抹草拌泥、红胶泥。碑亭、月城基台、献殿、门址等处地面都以砖铺地。碑亭、献殿、门址基座上都有承托柱、梁等上部结构传承下来荷载的柱础石。这种浅基做法，是中国古代木构建筑基础的传统做法，而这种做法在西夏皇陵得到了全面的应用。基座的出入口处，如碑亭、门殿、献殿等建筑都设有踏道，有的阶梯形，有的斜坡形。3号皇陵供出入的南门殿址，南北两个踏道均呈斜坡形，长3.6～3.73

米，宽5.2～5.5米。献殿的南北，也有残长3～3.4米，宽3～3.5米的斜坡形踏道。经初步清理的6号皇陵碑亭，其东西两面也有供人上下的斜坡形踏道，宽约3.90米；宫城的南门殿址保存有较好的踏道，门内外各有斜坡式三道，每道宽3米，门址宽17米，推测是过殿式门。踏道的设置在中国木结构建筑中除有其实用意义外，也赋予了它礼仪的含义，特别是6号皇陵三条踏道，已明显有主阶、宾阶之分，这种体现出封建礼仪的“下分”做法，也完全为西夏皇陵所传承。

西夏皇陵的梁柱部分因木质原因，现已无存。但从承载梁、柱屋面重量的柱础情况说明，西夏皇陵“中分”部分的构架体系属于叠梁式构架体系。以3号皇陵南门址为例，除东西两侧便道外，从残存柱础显示，为面阔五间、进深三间的重要建筑常用的叠梁式构架。其余东、北、西三门规格要小，仅为三间二进，但仍采用的是叠梁式构架体系。

西夏皇陵建筑的屋顶，即“上分”部分可以大量的瓦件和脊饰予以说明。筒瓦、板瓦、滴水等，可以用于任何形式的屋顶；但大量的脊饰，特别是只用于正脊两端的鸱吻和用于垂脊、戗脊上的兽头、套兽、海狮、摩羯、迦陵频迦等，说明西夏皇陵建筑的屋顶形式主要是具有正脊、垂脊和戗脊的庑殿顶。当然，也不排除歇山或攒尖顶 的可能，特别是3号皇陵的献殿等八边形基台建筑，这种可能性则更大。

西夏皇陵宫城内的陵塔，从收分处平台上遗留的大量瓦件可以看出，它的外部建筑形式是多重重檐的楼阁式密檐塔。佛塔虽是随着佛教的传入而流传到中国的外来建筑形式，但随着佛教中国化的漫长进程，塔的建筑形式也随之发生了中国化的演变，其主要特征便是采用了木构建筑技术，使外形产生了楼阁式的变化。西夏皇陵陵塔多为八角形，塔身5～7级，每层逐渐向内收分，并挑出屋檐，这种似楼阁式的密檐塔陵，也是中国木构建筑的重要形式之一。

西夏皇陵鹊台、四隅角台、墙体角台，从残留的瓦件等文物说明，原来上面也建有木构建筑，形式虽然和其他单体建筑有相似之处，但其体积则可能要小许多。

西夏皇陵地面的石刻，多已残碎。但从保存着基本形态的6号陵出土的望柱看，与宋式八棱顶雕仰莲蹲狮的钩兰柱头做法也完全相同。

就西夏皇陵地面建筑的主要形式来说，通过上述比较，可以肯定是采用了传统的木构建筑形式，其建筑群由亭、楼、殿等组成。3号、5号和6号皇陵东碑亭遗址只见砖，不见瓦，有圆形墙基遗存，有人认为是全砖砌穹隆顶建筑，屋顶未用瓦覆。但碑亭必须透光，全封闭难以满足这一要求。所以这也只是一种未能证实的推测；相反，参照北宋皇陵献殿等建筑采用了封闭不很严实的形式，西夏皇陵的大部分地面建筑，也可能是通畅的封闭性不严密的建筑组群。

除隋代隋文帝泰陵有直接与佛教有关的菩萨形象花纹的瓦当外，唐宋皇陵均无此种建材发现（脊饰除外）。西夏6号皇陵除刻有佛教诵语的经幢发现外，还有头戴僧帽的僧人石刻形象发现。这种石刻原来放置地点不明；若也在月城中陈放，僧俗同列，和宫城内陵塔屹立一样，只说明西夏皇室对佛教的尊崇远在唐、北宋皇帝之上。

附：西夏胜迹宁夏游

宁夏是西夏的故土，银川是西夏之都。近在京畿兴庆，远及贺兰山深沟山口，到处都可以找到西夏时期的离宫、寺院、遗址、塔庙。据史金波《西夏佛教史略》（宁夏人民出版社，1988年）所录，在兴庆府附近、贺兰山和宁夏北部等地，就有高台寺、承天寺、安庆寺、戒坛寺、大度民寺，贺兰山佛祖院、五台山寺、慈恩寺、大延寿寺、定州塔寺、康济寺、大佛寺、一百八塔寺等。拜寺口寺和宏佛塔寺是否在上列寺庙之中还未可知。始建于前，为西夏继续使用的海宝塔和李元昊在建国前所建寺塔还未包括其中。据《嘉靖宁夏新志》卷七所录，大庆三年（1038年）八月十日所立《大夏国葬舍利碣》所载，“东土名流、西天达士”为李元昊尊崇佛法的真诚所感动，纷纷从四面八方拥来西夏，向李元昊进奉舍利190颗、中指骨一节、佛手一只、顶骨一方。李元昊将这些灵物“罄以银椁、金棺、铁匣、石匮、衣以宝物”，上建连云之塔，下藏“掘地之泉”。这座以金棺、银椁、铁匣、石匮埋葬佛骨的寺塔建于何处，至今未知其详。若有哪天偶然发现，其盛况想必与闻名遐迩的扶风法门寺唐代地宫并驾齐驱，必然轰动全国、全世界。

经过千百年的战乱和人为摧残，西夏胜迹幸存百无一二。它们和西夏皇陵虽然不属一类，但略作漫游，对增进佛教在西夏文化中的重要地位和佛教在西夏皇陵建筑中的体现，肯定会有所启示。

屹立于银川市内的承天寺塔，据《嘉靖宁夏新志》卷二所录、明代以后不知下落的《夏国皇太后新建承天寺瘞佛顶骨舍利轨》碑所记，是李谅祚母亲没藏氏为用金棺银椁瘞埋佛顶舍利修建的，在西夏“天祐纪历岁在摄提季春二十五日壬子建塔之晨”，即李谅祚天祐垂圣元年（1050年）三月始建，于福圣承道三年（1055年）建成。“因中国所赐大藏经，役兵民数万，相兴庆府西偏起大寺，贮经其中，赐额《承天》，延回鹘僧登座演经，没藏氏与谅祚时临听。”

这座位于西夏都城，皇太后和皇帝经常前去聆听回鹘高僧宣讲经义的西夏皇家寺院，经元一代，寺院全毁，只“一塔独存”。朱元璋之子庆王重修，并增建了殿宇，庆靖王的长孙怀王又增建了毗卢阁。承天寺塔位于寺院的中心位置，是多层楼阁式砖塔。塔的平面为八角形，高十一层，每层收分较大，高64.5米。塔心室为方形，内置木构楼梯可以盘旋上登。下部三层未开辟塔窗，第四至第十层，各层交错，四面开辟拱形塔窗。顶层四面开辟圆形大塔窗，塔顶以上斜收成八角锥形的刹座，其上做成硕大的桃形绿琉璃刹顶。塔身外周壁上的“脚手眼”，以绿琉璃花砖镶嵌。塔身第二层以上，每层都以平砖叠涩出浅檐。外形线条简略，秀削挺立（照片68）。尽管塔身因清代乾隆三年（1738年）地震而遭到严重损毁，但清嘉庆二十五年（1820年）重修后，除塔刹，塔顶形状有所改变外，其基本形制仍大体保持了西夏塔的原来建筑风貌。

承天寺塔虽为楼阁式砖塔，但并未受当时十分盛行的外形雕砌屋檐、斗拱、柱额、门窗等繁杂的做法，仍保持着简化的早期楼阁式特点。

位于银川北郊的海宝塔，虽然始建时代不详，但有史料证明，建于西夏之前的这座寺塔，也曾为西夏时所使用。这座楼阁式砖塔，立于高大的砖包双层方形基台之上。若塔基和最上一层不计，塔高9层，四壁出轩，塔身四隅向内折成两角，从而使平面呈亚字形。方形塔心室内用木楼梯架构，可以盘曲上升至塔顶，塔身每面正中设券形塔窗。每层以砖平砌叠涩出浅檐。塔顶檐口以上，塔的四角和立轩部分向上延伸和斜收成方形刹座，其上立桃形刹顶，和承天寺塔刹顶相同（照片69）。塔在清代康熙五十一年（1712年）和乾隆四十三年（1778年）重修，登高远眺，巍巍贺兰，蜿蜒黄河，千顷良田，万亩绿洲尽收眼底，1961年国务院公布为全国重点文物保护单位。

在银川东北约20公里的贺兰县宏佛塔是一座未见有历史记载的楼阁式与喇嘛塔复合型砖塔（照片70）。1991年在维修时，于天宫内发现了大量西夏文物，从而确定这座塔始建于西夏李仁孝末年。

这座塔没有基座，直接砌建于夯土地基之上。在1991年拆除重砌时，于地基中发现大量灰、红陶板瓦、筒瓦、绿琉璃饰件被夯碎，只有少量的能辨出是龙首、龙爪和瓦当。

夯筑地基之上是三层八角形楼阁式空心塔身。最底一层高5.31米，其中塔身高3.45米。第二层高4.68米，第三层高4.39米。层与层之间砖雕斗拱、阑额、普柏方，第三层之上是十字折角覆钵式塔，高15.53米。塔心室为八角形，从底层直通上部覆钵体中部，高23.5米。天宫在覆钵体的上部。

宏佛塔所用的砖有条砖、方砖。条砖有手掌印痕砖、忍冬纹砖、划线砖和素面砖四种，而方砖中有与西夏皇陵相似的手掌印纹砖，还有戳记文字的方砖。

在高1.63米、底边长2.2米的方形天宫内，堆放着绢绘佛画、西夏文木雕版、彩绘泥塑佛造像等大量西夏文物，被国家文物局评为当年全国十大考古发现之一。

在狭小的天宫之中，除经书残页、丝织品外，有彩绘绢质佛画14帧，其中10幅较完整，有欢喜金刚图、千佛图、坐佛图、护法力士图、护法神图、炽盛光佛图、玄武大帝图、大日如来佛图、千手观音图、接引佛图、八相塔图等（照片71–72），彩绘泥塑佛像有佛头6尊、罗汉头像16尊、力士面像2尊及罗汉身躯12尊（照片73–74）。彩绘木雕有菩萨像、伎乐像、木塔及木牍。天宫内还散置西夏文木雕版两千余块，大、中、小字型不同，均是印制佛经的雕版，已全部炭化。此外还有西夏文、汉文书籍残页，残绢等物。在塔身中，还发现“皇宋通宝”、“天圣通宝”、“绍圣元宝”等宋钱12种17枚，唐“开元通宝”一枚。地基处发现的绿琉璃兽面瓦当，径9.2厘米，绿琉璃海石榴纹滴水，高7.4厘米，与西夏皇陵发现的相同。

天宫出土的绢画，无论内容是藏传佛教或宋辽道教，在构图设计和肤色晕染上都达到了很高的艺术水平。大量彩绘泥塑佛像和两千余块西夏文经雕版的发现证明，宏佛塔原是西夏一处规模宏大的寺院。

照片 68　承天寺塔

照片69　海宝塔

照片70　宏佛塔

照片71　绢画

银川市西北约五十公里的贺兰山拜寺口，是西夏时一处极其重要的佛教圣地，拜寺口北侧不仅屹立着东西相对的两座佛塔，还有六十余座僧侣墓塔，南侧、沟口等处存在大量规模浩大的寺院建筑遗址。沟内深处有方塔及以方塔为中心的寺庙遗址；甚至深入沟内二十多公里的“殿台子”，也都是西夏时期的寺庙遗址。

拜寺口北侧的双塔，始建时间也不见于记载，唯《嘉靖宁夏新志》卷一《关隘·拜寺口》中引用了曾游历过西夏皇陵的安塞王朱秩炅的一首诗，诗的开始对西夏戈甲绮罗已去发了一通感慨后写道：“文殊有殿存遗址，拜寺无僧话旧游。”这就明确地说明，在14世纪中叶，拜寺口寺庙遗址已寺废僧去，只存遗址了。

1986年4～10月，宁夏文物管理委员会对拜寺口寺庙遗址犹存的双塔进行了维修。在维修过程中，除了在西塔塔刹的“天宫”中发现许多西夏、元代文物外，还发现塔身下部在元代

照片72　绢画

照片73 泥塑佛头

又进行过数次维修。

拜寺口双塔，东西相对，相距80米，为八角形密檐空心砖塔（照片75）。

西面一座，残高35.96米，无基座，由塔身和残存塔刹构成，塔身十三层，高30.44米。底层塔身高6.24米，几占塔身总高的1/5，往上各层塔身高度渐减，至第13层时，塔身高度只有0.74米。塔层之间以叠涩塔檐分隔，第二层以上塔身的八面各设一长方形佛龛。佛龛内各塑一尊佛像，有僧、罗汉、护法金刚、供养人像和象、马、相轮、花卉、宝盖等。龛的两侧有影塑，内容是口含联珠流苏的怪兽。

第二层塔身的每个转角处，又影塑有火焰宝珠或云托日月、莲瓣等，使塔身呈现十分华丽的色彩。

东面一塔也为十三层八角形密檐空心砖塔，残高34.01米，由塔身和塔刹构成，塔身高31.11米，底层高5.8米，也占塔身总高度的1/5。以上各层高度渐减，第十三层塔身只高0.33米。每层塔身之间也以叠涩砖砌塔檐分隔。塔刹残高2.90米，

照片74 泥塑罗汉身躯

照片 75　拜寺口双塔

刹座是八角形平台，平台每个转角处有石柱础，刹座上残存相轮八重。

东塔第二层塔身各面佛龛、彩塑和西塔大体相同，但不及西塔的丰富。

文物主要出自西塔的“天宫”，有绢质佛画上师图、上乐金刚图、彩绘木雕花瓶、木雕上乐金刚像、彩绘木桌，木椅、绢花、印花绸和“大朝通宝”、“中统元宝”交钞等（照片 76–78）。在维修时，于“天宫”的壁面、中心木柱和塔身佛龛等处，还分别发现有书写的梵文、西夏文和汉文题记，内含佛教诵语、僧名、日月、姓氏等内容。

拜寺口双塔，虽然平面变成八角形，但塔体仍然属于空筒式结构；塔顶上的“十三天”相轮残存，也显示出其塔刹浓重的喇嘛塔成分。塔身的影塑和西塔天宫内发现的藏传佛教密宗艺术特有的绢画、木雕上乐金刚像等，都充分表明藏传佛教对西夏佛教的深刻影响。据藏文《贤者喜宴》记载，西夏仁宗李仁孝于1159年曾派使节去西藏迎请噶玛噶举派始祖都松钦巴来西夏；都松钦巴因故不能亲自前往，遂派其弟子格西藏索哇前去，并携带有经像等抵达西夏首府兴庆府。李仁孝尊其为上师，并为他设立专门译经坊；其后，又派人

照片 76　描金花瓶和绢花

照片 77　描金木供桌

照片 78　上乐金刚绢画

前往西藏，为噶玛噶举派本寺的建成贡奉了金质璎珞、幢盖等物。与此同时，西藏蔡巴噶举派祥仁颇切的弟子藏巴东估娃等多人也往西夏，讲授三宝密咒。另一弟子查巴僧格也来到西夏，被尊为上师。西夏前往西藏的僧人也很频繁，西夏人多甸木雅恭仁曾去拉萨附近建止贡寺，甚至还记载西夏王曾到西藏萨迦派祖师扎巴坚赞座前，西夏王孙对萨迦派第四代祖师也十分恭敬，这些都说明藏传佛教对西夏佛教的深远影响。据此，推测拜寺口双塔的始建年代当在李仁孝在位的中、晚时期。

拜寺口西塔九层发现的绿琉璃兽头和刹座上的力士塑像，形制、大小和造型特征都分别与西夏皇陵所出的兽头和力士碑座相同，从另一个侧面反映出西夏皇陵的西藏佛教色彩。

1999年9～11月，宁夏文物考古研究所等单位，对双塔北面的62座塔基进行了发掘。62座塔基布列在南北长约90米，东西宽约70米的北高南低的坡地上，共11级。每级平台上塔的数量不一，最多的是第二级，上有塔基11座。

塔基的平面可以分为十字折角形、八角形和方形三种，以十字折角形最多，共54座。这种类型塔基，平面折角多达20个，基本仍呈亚字形，与印度婆罗门神庙相似，为藏传佛教建筑所常用。塔基直径1.74米～3.04米，基座上是束腰须弥座，外表敷白灰泥并施彩绘。13座塔基有圆形、长方形或方形的塔心室。塔心室内发现有遗物的很少，只有两座内有木函，盛装人骨灰和“擦擦”等物。

塔基遗址出土文物以模印的各式“擦擦”最多，此外有小泥佛像、瓷器残件、钱币和塔身、塔顶塌毁后剥落的各种残块等。出土的瓦当和滴水均为兽面纹或菊花纹，与西夏皇陵所见者相同，这是一处与拜寺口双塔和拜寺口寺庙遗址有紧密关系的僧人墓塔，其始建时间应和双塔同时，历经元代后才逐渐废弃。

在拜寺口沟内约10公里的贺兰山深处，另有一处重建于西夏时期的方形密檐式砖塔（照片79）。

塔位于沟内约10公里处的沟北台地上。沟的南北有大面积的遗址和墓塔，有的石砌台阶和方砖铺墁地面尚存，是一个规模巨大的寺庙遗址。

方塔在1990年11月被不法分子所毁。1991年8～9月，宁夏文物考古研究所等单

照片 79　方塔

位进行了补救性清理。

据该所牛达生先生1986年对方塔未毁前的调查，该塔为十三层。一、二层塔身已被沙石所掩埋。能见到的第三层塔身高1.92米，边长6.2米。塔身之上为塔檐，高1.02米，由十层平砖叠涩构成，以上各层塔身高度渐减，第十三层塔檐之上的刹座已毁。塔身外表通体抹白灰，白灰表层以朱红色彩绘日、月、流苏、串珠、兽面和立柱、额枋等图形。

塔的周围散布有陶质和绿蓝琉璃的瓦当、滴水、脊兽等，砖有方砖、条砖和戳字条砖，其中也有手印纹砖。

1991年在对方塔被毁后进行补救性清理时，于倒坍的废址中部，即10～12层的塔心室发现大量西夏文、汉文佛经和世俗印本等文献36种十余万字。其中九本西夏文《吉祥遍至□和本续》，均为刻本，白麻纸精印，蝴蝶装，是直接译自藏传佛教的密宗经典。印本中出现倒字等现象。据国内文物出版界专家认定，是世界现存最早木活字印本，具有重大的学术价值。西夏文墨书佛经长卷，长5.74米；还有汉文乾祐十一年(1180年)仁孝皇帝版刻发愿文、世俗诗歌集等（照片80–81），《吉祥遍至□和本续》、汉文《吉祥上乐轮略文等虚空本续》、《是竖橛咒》等经典，均属藏传佛教密部。

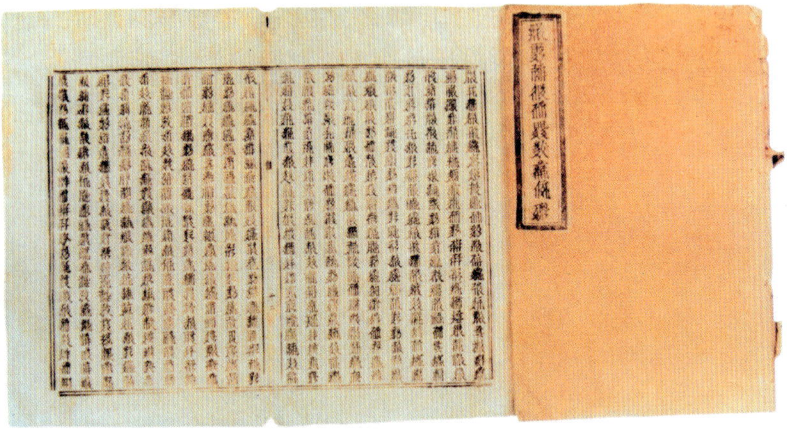

照片 80　西夏文《吉祥遍至□和本续》

发现的塔心木柱为八角形，长2.86米。上段西夏文，下段为汉文，记载了大安二年(1076年)重修方塔的缘由。

此外，方塔周围有10万平方米的寺庙建筑遗址，有大量的板瓦、筒瓦、脊兽等，以琉璃者较多。兽面瓦当径12.8厘米，与西夏皇陵所出相近。在方塔西三四公里处，也有寺庙遗址，有大量的琉璃筒瓦，槽心瓦，花纹砖等建筑残件。

在对西夏近畿之地的寺庙遗址和佛塔作了以上的漫游之后，下面还要简略地介绍一下也与西夏崇信佛教有关的遗迹，那就是贺兰口岩画。

岩画在银川西北约60公里的贺兰口，是贺兰山诸多山口和中卫北山古代岩画中的一处。贺兰口南北两山对峙，沟内溪水潺潺。在沟的南北两侧陡峭山崖石壁上和山前广漠荒原上，发现有古代岩画四千余幅，这些凿刻、磨刻、划画在光洁崖面上的千姿百态岩画，是自远古至元代，匈奴、鲜卑、突厥、党项、蒙古诸多游牧民族留下的长篇历史生活画卷。从中要正确区分哪些岩画是西夏党项居民所作，显然还相当困难，但贺兰口北侧人面像中的一部分是西夏时期所重刻，当不存在问题。

贺兰口入口北侧一处较大的岩面上，刻有许多似人非人的人面像，眉、眼、鼻似人，两耳坠饰。这种似人非人的人面像，凿刻时间较早，绝非西夏时人所作。但西夏党

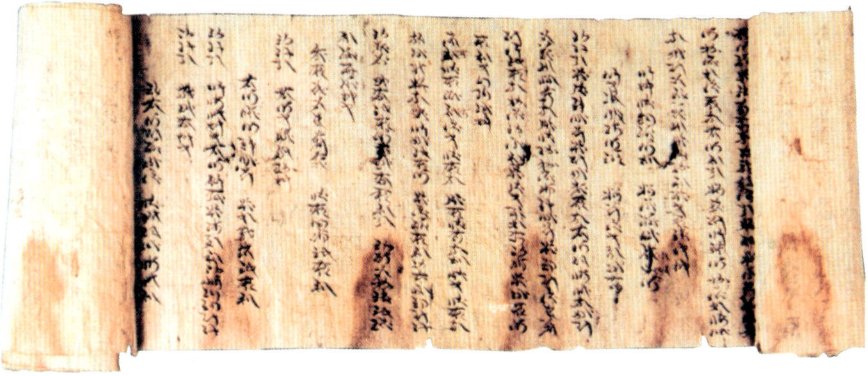

照片81　手书西夏长卷

项人见到这些神奇怪异的图像时，很自然地将它们与心中十分尊崇的佛联系在一起。他们怀着虔诚的心情，将当时已显模糊的线条重新加以凿刻，并庄重地在它的周围凿刻上西夏文“佛”、“能倡盛佛法”等文字，以表示对心目中佛的崇敬。见佛就跪拜，遇庙就焚香，这种对佛的信仰，已渗透到了西夏社会生活的方方面面。

在青铜峡市南20公里的峡口镇，有一处由108座覆钵式塔组成等腰三角形的巨大塔群，为全国内地所仅见，也是西夏众多佛塔建筑中有浓厚西藏佛教色彩中最有代表性的一处（照片82）。1962年冬天，由于这里兴建的水坝即将淹没108塔群下面的寺庙遗址和数座墓塔，宁夏博物馆派郑介初先生和笔者对其中两座墓塔作了清理发掘。一座是清代乾隆五十六年（1791年）的墓塔，另一座时代略早，为清代顺治五年（1648年）的墓塔。从塔中出土的碑记知道，所葬僧人因明末崇祯六年（1633年）洪水泛滥，全家离散，徒步流落到此出家为僧。历经15年的艰难四方募化，重修了108塔。在清理这座墓塔到距地表20多厘米处时，于塔心木柱的边缘发现卷轴绢质佛画两幅。稍略展开，朽蚀严重，背面有朱红色书写的文字。这种文字笔画繁复，和北京延庆居庸关六体文字中的西夏文相同。于是不敢怠慢，立即送回馆中并转送北京故宫博物院进行修复。

这两幅彩绘绢质佛画，一幅是大日如来佛，另一幅画面模糊不清。从大日如来佛画背面的西夏文和佛画绢质、彩绘风格分析，均不是清代时物，应是西夏时的佛画。之所以在清初僧人墓塔中发现，大概是历代僧人视为宝物代代相传所致。

青铜峡东西两山相峙，黄河流经其中，水流湍急，是黄河上游著名的峡口之一。在西侧陡峭山坡上，就地势建造塔108座，自上到下，按1、3、3、5、5、7、9、11、13、15、17、19十二级排列塔数，组成一个呈等腰三角形的塔群。佛说有108种烦恼，故数珠有108颗，撞钟有108下，诵经有108遍之法，以解除烦恼，进入清净境界。

1987～1988年，宁夏文物管理委员会对这处原以土坯修建的覆体式塔群进行了维修，恢复了其十字折角须弥座、葫芦式塔身、相轮华盖承托宝珠的原状。

在维修工作中，于塔群中发现了砖雕佛像、彩绘佛像、泥塔模等，并于塔群附近残塔中发现西夏文经书等文物。

一百零八塔，最早见于明天顺五年（1461年）《大明一统志》卷三十七，已称其为“古塔”；再以出土西夏绢画、佛经等物佐证，其始建时间当在西夏晚期。“一百零八塔排成一排的习俗在西藏西部是十分常见的，但在其它地区则很少见。无疑，这种习俗可以追溯到佛教的前弘时期”。一百零八塔，同样证明藏传佛教对西夏社会的深刻影响和巨大感召力。

最后，还要提到始建于西夏时的同心县韦州康济寺塔。韦州是西夏李元昊建国时所建十二监军司之一的静塞军司驻地，也是明初庆王的封地，韦州的康济寺塔，不知什么原因，明代初年只是“浮屠九级未及成”，明嘉靖六年（1527年）和万历九年（1581年）两次重修至十三级。

1984～1985年在维修加固康济寺塔时，于第9层叠涩挑檐处的两块条砖上，发现了西夏文墨书题记。所用条砖与第10层以上的也明显不同，大小和手印纹均同于西夏皇陵，又未发现元代始建的明显特征，因而推断其原来9级是西夏所始建。

康济寺塔和拜寺口双塔一样，也是密檐式砖砌空心佛塔，平面八角形，高35.58米。底层塔身高6.45米，以上各层塔身高度渐减，至9层只有2.26米。塔身各层之间，以平砖叠涩挑出塔檐，各面有垂柱、门龛、角柱等简单装饰。在全国各地塔身风行华丽装饰的环境下，西夏仍保持简洁的八角形密檐砖塔，也算是难能可贵。

佛教，特别是藏传佛教，对西夏社会文化有着重大而深刻的影响，这不仅表现在上述众多的寺庙遗迹和佛塔建造上，也同样渗透到西夏皇陵的总体建筑思想之中。对宁夏境内西夏佛教胜迹的漫游，将有助于加深对西夏皇陵及其所反映的西夏文化的认识。融中华民族传统文化、佛教文化、藏传佛教文化于一体，西夏文明灼灼生辉。

照片82　一百零八塔塔群

参考文献

[1]《嘉靖宁夏新志》卷七，宁夏人民出版社，1982年。

[2] 宁夏博物馆：《西夏八号陵发掘简报》，《文物》，1978年8期。

[3] 李范文：《西夏陵墓出土残碑粹编》，文物出版社，1984年。

[4] 吴峰云等：《介绍西夏陵区的几件文物》，《文物》，1978年8期。

[5]《新五代史》卷七十四。

[6]《旧唐书》卷一百九十八。

[7]《西夏书事》卷二。

[8]《宋史·夏国上》卷四百八十五。

[9] 河南省文物考古研究所：《北宋皇陵》，中州古籍出版社，1997年。

[10]《宋史》。

[11] 宁夏文物考古研究所：《西夏陵3号陵东碑亭发掘简报》，《文物与考古》。1993年2期；《宁夏银川市西夏3号陵园遗址发掘简报》，《考古》，2002年8期。

[12]《元史》。

[13] 宁夏博物馆：《西夏陵区101号墓发掘简报》，《考古与文物》，1983年5期。

[14] 宁夏博物馆：《西夏陵区108号墓发掘简报》，《文物》，1987年8期。

[15] 上海纺织科学院纺织史组：《西夏陵区108号墓出土的纺织品》，《文物》，1978年8期。

[16] 宁夏文物考古研究所：《西夏陵园北端建筑遗址发掘简报》，《文物》，1998年8期。

[17]《隋书》卷八十二。

[18]《陇右金石录》卷四。

[19] 宁夏博物馆:《银川缸瓷井西夏窑址》,《文物》,1978年8期。

[20] 中国社会科学院考古研究所:《宁夏灵武窑发掘报告》,中国大百科全书出版社,1995年。

[21] 宁夏文物考古研究所:《宁夏灵武市回民巷西夏窑址的发掘》,《考古》,2002年8期。

[22] 韩金科:《法门寺文化史》,亚洲传播出版社,1998年。

[23] 宁夏文物考古研究所:《银川西夏陵区三号东碑亭遗址发掘简报》,《考古与文物》,1993年2期。

[24]《续资治通鉴长编》卷六十四。

[25] 引自《西夏纪》卷十九。

[26] 牛达生:《宁夏贺兰山发现西夏窑藏钱币》,《考古与文物》,1986年6期。

[27]《西夏书事》卷十九。

[28] 史金波:《西夏佛教史略》,宁夏人民出版社,1988年。

[29] [30] 宿白:《西夏佛塔的类型》,载《西夏佛塔》,文物出版社,1995年。

[31][32]于存海、何继英:《贺兰县拜寺口双塔》。同上。

[33] 宁夏文物考古研究所:《宁夏贺兰县拜寺口北寺塔群遗址的清理》,《考古》,2002年8期。

[34] 宁夏文物考古研究所:《拜寺沟西夏方塔》,文物出版社,2005年。

[35] 雷润泽、于存海:《青铜峡市一百零八塔》,载《西夏佛塔》,文物出版社,1995年。

[36] [意大利] G·杜齐:《西藏考古》,西藏人民出版社,1987年。

[37] 于存海、马振福:《同心韦州康济寺塔》,《西夏佛塔》,文物出版社,1995年。

[38] 许成、杜玉冰:《西夏陵》,东方出版社,1995年。

后 记

20世纪70年代末和80年代初进行的首次西夏陵考古调查和发掘，不仅是20世纪的一项重大考古工作，而且以此为起点，改变了此前西夏文物考古和西夏历史研究长期寂戚的局面，引起了西夏史研究界的重视，推动了西夏历史和其他西夏文物考古工作的开展，出现了目前西夏研究欣欣向荣、不断深入的良好局面。作为亲自参预西夏陵初次调查和发掘工作的我来说，为此感到由衷的欣慰和高兴。

哲人曾说，不要忘记历史。但现实是历史往往会被人们忘却，姑且不说数千年的我国文明史，即使短短发生在三四十年前的往事，也常常会被人有意或无意的忘记，以致对西夏陵初期发现和发掘的真实情况，出现了一些不符合事实的说法和文章，这不能不说是一种憾事。

因此，我感到有责任也有义务将西夏陵的初始工作情况及我的一些思考写出来，对后人负责，也对历史负责。感谢天津古籍出版社和宁夏文物考古研究所所长罗丰同志给了我这样一个机会，写成了这样一本介绍西夏皇陵的小书。对帮助我打印文稿的宁夏文物考古研究所柴英同志及为本书提供照片的董宏征、边东冬，也一并致谢。

作 者

2007年3月